Branko Bokun

Wer lacht lebt länger

Von der Heilkraft des Humors

Ariston Verlag · Genf

Andere Werke aus unserem Verlagsprogramm
finden Sie am Schluß dieses Buches verzeichnet.

CIP-Kurztitelaufnahme der Deutschen Bibliothek

BOKUN, BRANKO:
Wer lacht, lebt länger: von d. Heilkraft d. Humors / Branko Bokun. Aus d. Engl.
übers. von Inge Riedel. – 2. Aufl. – Genf: Ariston Verlag. 1987.
Einheitssacht.: Humour therapy in cancer, psychosomatic diseases, mental
disorders, crime, interpersonal and sexual relationships ‹dt.›

ISBN 3-7205-1437-4

Die englische Originalausgabe erschien unter dem Titel
»Humour Therapy in Cancer, Psychosomatic Diseases,
Mental Disorders, Crime, Interpersonal and
Sexual Relationships«
1986 im Verlag Vita Books, London
© 1986 by Branko Bokun
Aus dem Englischen übersetzt von Inge Riedel

© Copyright der deutschen Ausgabe:
Ariston Verlag, Genf 1987

Gestaltung des Schutzumschlages:
H. + C. Waldvogel, Grafik Design, Zürich

Gesamtherstellung: Ebner Ulm
Erstauflage September 1987
Zweite Auflage November 1987
Printed in Germany 1987

ISBN 3-7205-1437-4

Inhalt

Einführung 7
1. Vergnügen und Lachen 43
2. Humor 55
3. Reifes Denken 62
4. Selbstüberschätzung und »Selbstverwirklichung« 68
5. Aggression 75
6. Einsamkeit 83
7. Zwischenmenschliche Beziehungen 92
8. Sexualbeziehungen und Liebe 106
9. Die »grausame Wirklichkeit« 130
10. Emotionen, Erinnerungen und Sinn für
    Humor 134
11. Humor und Schwangerschaft 162
12. Humor als Medizin 167
13. Humor und geistige Störungen 186
14. Humor – unser einziger Retter 205
15. Humorkurse 212
Zum guten Schluß 221

Einführung

Ehe ich mich auf meine Theorie vom *Humor und seinen Heilqualitäten* einlasse, ist es vielleicht nützlich, über die Herkunft unserer Spezies nachzudenken, über ihre Entwicklung, über das Entstehen unseres Denkens und Fühlens und über unsere derzeitigen Verhaltens- und Denkweisen. Meine entwicklungsgeschichtlichen Überlegungen und das sich daraus ergebende Gedankenmodell mögen Ihnen unkonventionell, ja gänzlich neuartig erscheinen. Folgen Sie mir trotzdem – dann wird Ihnen meine Theorie zu ebenso ungewohnten wie nützlichen Einsichten verhelfen!

Immer wieder hört man: Affen und Menschen stammen von Vorfahren aus dem Miozän ab, die vermutlich in Afrika lebten. Die Affenahnen schwangen sich nach einer Probezeit auf dem Erdboden wieder in die Bäume zurück, während unsere Ahnen unten blieben, sich auf den Hinterbeinen aufrichteten, Werkzeuge anfertigten, zu gehen und zu sprechen lernten und Jäger wurden.

Ich glaube, man will uns da verulken. Welches Tier hat wohl je freiwillig einen idealen Lebensraum gegen ein Inferno getauscht? Unsere Ahnen wußten, wie gefährlich das Leben auf dem Boden war – deshalb waren sie ja ursprünglich in die Baumkronen geflohen. Denn abgesehen von anderen Gefahren lauerten auf der Erde bedrohliche giftige Schlangen. Noch heute geraten Affen und Menschen beim bloßen Anblick einer Schlange in Panik oder ergreifen die Flucht.

Die Angst unserer Vorfahren, von dem einzig sicheren Ort, den Bäumen, herabzufallen, könnte erklären, warum noch heute viele Menschen so erschrocken aus einem Alptraum erwachen, in dem sie in die Tiefe stürzen.

Bedenkt man, daß unser Gehirn sich erst vor etwa einer Million Jahren schnell zu vergrößern begann und erst seit verhältnismäßig kurzer Zeit abstrakter, also auch absurder Gedanken fähig ist, kann man wohl voraussetzen, daß unsere Vorfahren nie so unklug gewesen wären, einen idealen Lebensraum zu verlassen und dafür solche Gefahren in Kauf zu nehmen.

Die *Menschen* waren damals knapp einen Meter groß, und ihr Gehirn entsprach nicht einmal einem Drittel des heutigen Gorillahirns.

Was mag nun wirklich geschehen sein?

Es scheint erwiesen, daß sich das Klima im Miozän, also vor 26 bis 30 Millionen Jahren, sehr verschlechterte und viel Waldland sich in Savanne umwandelte. Aus dem bisherigen, nun begrenzteren Lebensraum wurden sicherlich diejenigen zuerst verdrängt, die schwach und wenig aggressiv, am geringsten entwickelt und daher

kaum konkurrenzfähig waren. Es ist daher nur folge-
richtig anzunehmen, daß der Mensch weder von gefal-
lenen Engeln abstammt noch von *hochgekommenen*
Affen, sondern von *heruntergekommenen* Affen. In der
Erklärung unserer Herkunft ist die Bibel genauer, als es
die Anthropologen sind. Unsere Vorfahren, unsere
Adams und Evas, wurden tatsächlich aus dem Paradies
vertrieben – aber nicht von Gott, sondern von lebens-
tüchtigeren Affen.

Noch heute gibt es Anzeichen für die unzulängliche
Entwicklung des Menschen: Verglichen mit dem Körper anderer Primaten ist der menschliche Körper zum
Beispiel weniger symmetrisch angelegt, was sich vor
allem in der Funktionsfähigkeit von Armen und Beinen
auswirkt. Wir sind entweder rechtshändig (vorwiegend)
oder linkshändig; der rechtshändige Mensch ist also
links nicht so geschickt und umgekehrt. Bei den übrigen Primaten verteilt sich die Leistungsfähigkeit auf
Hände und Füße etwa gleich. Unser Gehirn ist ebenfalls
asymmetrisch, für viele sicher ein Grund zu der Annahme, daß wir deshalb unsere Denkfähigkeit stärker entwickelten als die anderen Primaten. Allerdings sind wir
auch weiter fortgeschritten im bösen, unheilvollen
Denken.

Die Entwicklung unserer Spezies und das Erscheinen
des *Homo sapiens* – des vernunftbegabten Menschen –
lassen sich vielleicht besser verstehen, wenn man davon ausgeht, daß unsere Vorfahren (vor allem die männlichen) physiologisch weniger entwickelt und unreifer
waren als diejenigen anderer Primaten.

In der neuen Umgebung bedeuteten Mangel an Reife,

an Aggressivität und Spezialisierung möglicherweise
einen Vorteil, da man, um seine Lage verbessern zu
können, verletzlich und Veränderungen gegenüber offen sein mußte. Tiere wie die Krokodile, die sich schon
vor zweihundert Millionen Jahren ihren Lebensbedin-
gungen vollkommen angepaßt hatten, entwickelten
sich seither kaum noch weiter. Wären wir besser entwickelt gewesen, hätten wir nie Werkzeuge erfinden
müssen. Bei der von vielen angenommenen angeborenen Aggressivität wäre uns von der Natur auch ein
Angriffswerkzeug mitgegeben worden, und wir hätten
nicht alle möglichen Waffen erfinden müssen. Ohne
den Nachteil unseres haarlosen Körpers hätte es der
Erfindung von Kleidung nie bedurft.

Wir hätten wohl auch nie Nostalgien und Träume
über jenes *schöne Land*, das mythische *verlorene Paradies*, ersonnen, wären unsere Vorfahren freiwillig aus
dem Waldland gezogen. Nur von der Nostalgie konnte
ein politisches *Utopia* inspiriert werden, das ein Leben
in Fülle, Sicherheit und Glückseligkeit verspricht und
in dem das Spiel die Hauptbeschäftigung darstellt – also
das Leben im Waldland, das wir aufgeben mußten.

Heute stimmen die meisten Wissenschaftler darin
überein, daß wir uns noch in einer kindlichen oder
neotenen Phase (im Sinne eines unvollkommenen Ent-
wicklungszustandes) befinden. KONRAD LORENZ, der
berühmte Erforscher tierischen und menschlichen Verhaltens, meint dazu, das so wichtige menschliche Cha-
rakteristikum, nämlich das Verharren in einer Ent-
wicklungsphase, sei eine Gabe, die wir sicherlich der
neotenen Natur der Menschheit verdanken.

Warum? Was ist das Hauptmerkmal der so verstandenen *Neotenie* oder Kindlichkeit? Die Antwort ist einfach: das Spiel.

Das Spiel ist eine zufällige, flexible, forschende Tätigkeit, es bereichert die Erfahrung und das Verstehen. Dies war und ist bis heute von größter Bedeutung für eine Spezies ohne starke angeborene Verhaltensmuster.

Durch forschendes Spiel, also durch Experimente, fanden unsere Vorfahren heraus, wie sie sich am besten an die neue Umwelt und ihre Bedingungen anpassen konnten. Das Spiel wurde zum hauptsächlichen Überlebenswerkzeug unserer Ahnen, zu ihrer einzigen *Spezialisierung*. Im Spiel erfand der Mensch nützliche Instrumente. Aus diesem Spielzeug entstand vielleicht Werkzeug. Der *Homo ludens*, der spielerische Mensch, ging dem *Homo faber*, dem gestaltenden Menschen, voran.

Nun könnte man fragen, weshalb es innerhalb unserer angeblich neotenen, also von Natur aus verspielten und fröhlichen Spezies so viele ernste und schwermütige Menschen gibt. Was hat eine glückliche, schäkernde, liebenswürdige und harmlose Spezies zu einer unzufriedenen, oft depressiven und aggressiven gemacht?

Wären wir eine infantile oder neotene Art, ließe sich annehmen, daß wir von unseren Müttern geführt und beherrscht würden. Denn die meisten Frauen entwikkeln mit der Mutterschaft eine natürliche Reife, vernünftige Denkweise und den Instinkt, zu schützen, zu teilen und für andere zu sorgen.

Nun gibt es tatsächlich gewisse Beweise dafür, daß menschliche Gemeinschaften Millionen Jahre hindurch von Frauen geführt und regiert wurden. In allen Kulturen waren die ersten höchsten Gottheiten Muttergöttinnen.

Eine der ältesten bekannten Statuetten, die *Venus von Laussel* (etwa 27 000 Jahre alt), stellt eine kräftige Frau dar; in Ostrava Petrovice in der Tschechoslowakei wurde ein 25 000 Jahre alter Frauentorso gefunden und in Österreich eine weitere eindrucksvolle Frauenstatuette, die *Venus von Willendorf.*

In Ägypten war die Göttin Isis Frau und Retterin des obersten Gottes des Totenreichs, Osiris, und Mutter des Gottes Horus. Auch die minoische Kultur auf Kreta kannte die Muttergöttin. Die hohe Stellung der Frau im alten Kreta bezeugen Funde künstlerischer Darstellungen aus Knossos.

In China wurde das Leben während der Schangdynastie (1766–1122 v. Chr.) und in der Tschoudynastie (1122–249 v. Chr.) durch Shen Nu, die *göttliche Frau,* beherrscht.

In Homers Griechenland waren Frauen und Göttinnen – mit Ausnahme von Athene, die nur einen Vater und keine Mutter hatte – umsichtig und gewissenhaft, während die Männer und Götter Kriegsspiele vollführten, sich mit allerlei Streichen und Schabernack vergnügten, und, wenn etwas mißlang, gleich wie Kinder weinten.

Im sechsten Jahrhundert vor Christus bestand in Griechenland bereits die männliche Vorherrschaft. Frauen fanden sich als Hauptfiguren in griechischen Tragödien wieder.

Mit der jüdisch-christlichen Kultur wurde schließlich die Herrschaft des Mannes begründet und die Unterordnung der Frau endgültig eingeführt.

Wie kam es aber zur Zerstörung dieser klugen und schützenden mütterlichen Denkweise und Führung, die über Jahrmillionen das Überleben der Menschheit sicherte? Wer machte die harmlosen Nahrungssammler zu aufrührerischen und gewalttätigen Rebellen?

Die Antwort lautet: männliche Jugendliche. Ich muß Ihnen das erklären. In unserer Spezies wurden Jugendliche immer schon später reif und erwachsen als bei anderen Primaten, vor allem die männliche Jugend.

Unter Jugendlichen versteht man junge Menschen, die der Kindheit mit ihrem Gehorsam, mit Imitation und Abhängigkeit von der Mutter und der Gruppe entwachsen sind, die aber noch keine Reife und keinen festen Platz in der Gemeinschaft erreicht haben.

Jugendliche sind meist gehemmt und unbeholfen, was die etablierte Ordnung wohl störte und die übrigen Mitglieder der Gemeinschaft irritierte. Infolge der Reaktion der Gruppe legte sich das Rebellische in den meisten Jugendlichen jedoch früher oder später, und sie erhielten Platz und Rang in der Gemeinschaft. Diejenigen aber, die sich nicht ändern konnten oder sich gegen eine Anpassung an die etablierte Gruppenordnung wehrten, die also in jugendlichem Denken verharrten, wurden ignoriert oder verstoßen.

Diese einsamen, verstoßenen Jugendlichen lebten nun am Rande der Gemeinschaften, schlossen sich aber bald zusammen, bildeten Banden und begannen so, das Leben der Menschheit grundlegend zu verändern: Durch ihre *Jugendrevolutionen* ersetzten sie die natür-

liche, auf der Mutter-Kind-Beziehung basierende Ordnung durch ihre eigene. Diese Jugendrevolutionen fanden in dem Zeitraum von zwölftausend bis zweitau-
send Jahren vor unserer Zeitrechnung statt. Gegen Ende
des vierten Jahrhunderts vor Christus mußten zum
Beispiel in der Gegend von Vinča in Zentralserbien und
bei Sesklo in Nordgriechenland Veränderungen vor sich
gegangen sein. Darauf weisen die dort häufig ausgegra-
benen nackten männlichen Figürchen hin, die stolz
ihren Penis halten. Im Gegensatz zu den früher üblichen weiblichen Figuren und Statuetten waren solche
männlichen Darstellungen nun in der Überzahl.

Durch die rebellische Jugend entwickelte sich die
Geschichte der Menschheit zu einer Kette von Revolutionen. Sie wurden von Jugendlichen auf der Suche
nach Stabilität angestiftet – einem schwer erreichbaren
Ziel, da Jugend ja Ruhelosigkeit und Rebellion mit
einschließt.

Seit Beginn jener Ära wurde die Menschheit durch
Banden regiert, Banden einsamer, jugendlich-unreif
denkender Individuen.

An dieser Stelle möchte ich klarstellen, daß ich die
Bezeichnungen *Jugendliche* und *jugendlich-unreifes
Denken* beziehungsweise *Verhalten* in meinen folgenden Überlegungen und Ausführungen als entwick-
lungsgeschichtliche und -psychologische Arbeitsbe-
griffe verwende und verstanden wissen will – nicht aber
als eine Be- oder Abwertung unserer jungen Generation
im allgemeinen oder im individuellen Einzelfall.

Wann und wie hatten nun aber die Jugendlichen den
Mut gefaßt, die angestammte Ordnung anzugreifen, die

unserer Spezies bis dahin gute Dienste geleistet hatte? Wodurch und wie entstand in ihnen die Aggression und die Verwegenheit, mit Gewalt gegen die Naturrechte und -regeln anzukämpfen? Und vor allem, woher nahmen sie die Energie für ihre Verwegenheit, Angriffslust und Gewalttätigkeit?

Um diese Fragen beantworten zu können, möchte ich noch einen wesentlichen Gedanken dazu einfügen:

Das Leben wird von Bioenergie »angetrieben«, die durch Instabilität und Ängste erzeugt wird, beides Charakteristika alles Organischen.

Wie jede andere Spezies werden auch wir mit einem gewissen Maß an Lebensenergie geboren, die mit einem entsprechenden Quantum an grundlegenden, angeborenen, für unsere Gattung charakteristischen Ängsten verknüpft ist. Da unsere Bioenergie durch Ängste erzeugt wird, kann sie auch über ihr normales, von unseren ererbten Ängsten bestimmtes Maß hinausgehen, und zwar hauptsächlich durch neuerworbene Ängste.

Bei den von Schutz und Fürsorge der Gemeinschaft ausgeschlossenen Jugendlichen entstanden solche zusätzlichen Ängste. Sie ergaben sich aus der Einsamkeit und waren deshalb besonders schlimm für jemanden, den die Natur eigentlich für ein Leben in der Gemeinschaft geschaffen hatte. Diese Ängste führten bei den isolierten Individuen zur Entstehung von Selbstbewußtheit mit ihren Abwehrmechanismen der Ichsucht und Ichbezogenheit, was sie jedoch nur noch tiefer in die Isolation und Einsamkeit drängte.

Die erste Folge dieser neuen Ängste unserer verstoße-

nen Vorfahren war ein Abbau ihrer Wahrnehmungs-
und Beobachtungsgabe. Denn diese durch Einsamkeit
verursachten neuen Ängste riefen auch neue Erregungen hervor, die die Sinneswahrnehmungen und die
Beobachtungsgabe zu verzerren begannen.

Eine noch bedeutsamere Folge der neuen Erregungen war die deutliche Veränderung der Gehirntätigkeit.

Unsere geistige Aktivität wird durch Erregungen
stimuliert, gelenkt und mit Energie versorgt. Schon
die geringste Veränderung kann andere Bedingungen
in unserem Gehirn und dessen geistiger Aktivität
schaffen. Überdies gehören zu unserem Gehirn auch
Drüsen, deren Tätigkeit durch Gedanken oder Vorstellungen beeinflußt wird.

In seiner Einsamkeit verwirrten sich im Jugendlichen die noch unentwickelten angeborenen Verhaltensmuster und ließen ihn zweifeln und zögern. Damit eröffnete sich für das Gehirn die Möglichkeit der
spekulativen Denkweise.

Millionen Jahre hindurch war das Gemeinschaftsleben auf natürliche Ordnung begründet gewesen. Außerhalb dieser Ordnung stehend, fing das isolierte,
einsame Individuum an, sich nach ihr zu sehnen.
(Diese Sehnsucht tragen wir noch heute in uns.) Es
kam damit zu folgenden Neuerungen: Verringerung
sinnlicher Wahrnehmungen, stärker auf Gefühle aus-
gerichtetes Denken, Zögern, Suche nach Ordnung.

Diese vier Neuerungen erzeugten einen neuen, ko-
gnitiven Mechanismus: unser affektives, das heißt ge-
fühlsbetontes Denken mit seiner Welt der Annähe-

rungen, Annahmen, Ansichten und Meinungen, Hoffnungen, Hypothesen und Phantasien.

Jedes gesellige Wesen verspürt, vor allem in der Jugend, bei einer Isolierung von der Gruppe zusätzliche Ängste, also starke Erregungen. Diese Ängste verwirren sowohl sinnliche Wahrnehmungen als auch die Beobachtungsgabe und veranlassen das Gehirn zu Phantasien, die sich dann in unnatürlichem Verhalten widerspiegeln.

Unser heutiges affektives Denken entstand also durch Gehirntätigkeit bei starken Erregungen, zu denen es bei isolierten, einsamen Jugendlichen aufgrund von Ängsten, Unruhe und Ungewißheit kam.

Angehörige von Gemeinschaften, vor allem solchen, die von Müttern beeinflußt und gelenkt werden, phantasieren viel weniger als Menschen in Gesellschaften, die individuelle Unabhängigkeit kultivieren. Propheten aller Zeiten zogen sich in die Wüste zurück, um ihren Geist anzuregen. Empfindungen, die in der Wildnis durch Angst vor Einsamkeit hervorgerufen werden, können sinnliche Wahrnehmungen und die Beobachtungsgabe der Einsiedler so beeinflussen, daß sie Erscheinungen, Offenbarungen oder Halluzinationen haben. Verzerrung der sinnlichen Wahrnehmungen durch Drogen oder Alkohol führen ja ebenfalls zu allen möglichen Verwirrungen und Halluzinationen.

Unser Denken schuf sich von Anbeginn seiner Existenz seine eigene mächtige Waffe der Selbstbestätigung: den Glauben. Das Denken erfand den Glauben, weil nur der Glaube Hoffnung in eine Welt der Vorstellungen bringen kann.

Hoffnung konnte nur von einem Gehirn erfunden werden, dessen Wahrnehmungen gestört waren. Bei gestörter Wahrnehmung kommt es zu Spekulationen und Vermutungen, die beide von einer geheimen Sehnsucht gesteuert werden: Empfindlichkeiten zu verringern oder zu beschwichtigen. Von dieser Sehnsucht nach Beschwichtigung oder Verringerung der Ängste und Empfindlichkeiten angeregt, schufen die Spekulationen unseres Gehirns ein für die jugendlich-unreife Mentalität typisches Merkmal: das Wunschdenken.

Die Griechen wußten, daß Wunschdenken zu gefühlsbetontem Denken führt: Sie orteten es in der Brust, die Römer ebenfalls *in pectore* (in der Brust, im Herzen), die Ägypter im Herzen. »Ich plante in meinem Herzen, wie ich alles formen würde«, erklärte ATUM in einem Heliopolismythos.

Wie wurde nun das jugendlich-unreife Wunschdenken mit dem Unbehagen fertig, das die in Isolation und Einsamkeit erworbenen Ängste verursachten? Der jugendliche Geist fand die leichteste Lösung: Flucht. Er fing an, sich aus der Realität in seine Welt der Einbildungen und Phantasien zu flüchten.

Unser altes Gehirn kannte drei Lösungen einer unangenehmen Situation: Flucht, Kampf oder Verstecken. Die Möglichkeit der Flucht aus der Realität in eine Phantasiewelt übernahm der Neokortex (neu entstandene Hirnrinde) wohl von der ursprünglichen Fluchtreaktion. Zwischen dem alten Gehirn und der später entstandenen Hirnrinde bestehen dichte wechselseitige Nervenzellenverbindungen. Die natürlichen Reaktionen des alten Gehirns können also die Einbildungskraft und Vorstellungen der Hirnrinde beeinflußt haben.

In seiner Phantasie ersetzte der Jugendliche sein unzulängliches, schwaches Ich durch eine Ich-Idee, ein idealisiertes Soll-Ich. Nachdem er sein idealisiertes Ich erfunden hatte, berauschte er sich daran, denn es liegt in der Natur des Schöpfers, sich in seine Schöpfungen zu verlieben. Mit Hilfe der Eigenliebe wurde das Ich des Jugendlichen schließlich zum Zentrum des Alls. Vielleicht brauchte die Menschheit deshalb so lange, einen NIKOLAUS KOPERNIKUS (1473–1543) hervorzubringen, der sie als Astronom aus der Mitte des Universums verwies. Im Englischen wird *ich* (= I) übrigens immer noch groß geschrieben.

Das neue gefühlsbetonte Denken verzerrte unsere sinnliche Wahrnehmung noch mehr. (Bei Menschen mit fanatischem religiösem oder politischem Glauben kann dies zu völliger Unempfindlichkeit und Unempfänglichkeit führen.) Dieses Denken ersetzte vernünftige Reaktionen und intelligentes Handeln durch ein Wunschdenken, das von den Interessen und der Logik des eingebildeten, selbsterfundenen Ego geleitet wurde.

Wir wissen alle, daß Menschen, die sich auf Vorurteile und Meinungen stützen, unfähig sind, vernunftgemäß zu überlegen oder dementsprechend zu handeln. Schon der schottische Schriftsteller THOMAS CARLYLE (1795–1881) betonte in seinem *Sartor Resartus*: »Nicht unsere logische, messende Fähigkeit, sondern unsere Einbildung ist Herr über uns.«

Oft kümmern uns die durch unser affektives Denken beeinträchtigte Wahrnehmung und Empfindsamkeit gar nicht, da Ungenauigkeit und Verzerrungen der Wahrnehmung und des Intellekts uns zu Phantasien und Tagträumereien verhelfen.

An diesem Punkt könnte man nun fragen, warum die Menschen in ihrer eingebildeten Welt nicht fröhlicher und glücklicher sind.

In der Jugend nehmen wir die Gedankenwelt anfangs zu ernst und fassen Vertrauen zu unserem Wunschdenken. Gelegentlich malen sich zwar auch Kinder und reife Menschen gewisse Phantasien aus, aber sie spielen nur damit, selbst wenn sie sie manchmal ernst zu nehmen scheinen.

Indem man die Gedankenwelt zu ernst nahm, schuf man eine abstrakte Ernsthaftigkeit, die ich *Über-Ernst* nennen will, da Übertreibung zum Wesen der Abstraktion gehört: Durch Übertreibung hoffen Abstraktionen Wirklichkeit zu werden. In der Sehnsucht danach sehe ich die Ursache menschlicher Aggression: Da die Wirklichkeit dieser Sehnsucht nicht entspricht, können Abstraktionen nur durch Bekämpfung der Wirklichkeit real werden, das heißt, die Wirklichkeit soll gezwungen werden, sich der Gedankenwelt anzupassen.

Wie können Wunschdenken und Gedankenspielereien Spannungen entstehen lassen, wie Vorurteile und Einbildungen die nötige Energie für Aggressionen und Verwirklichung dieser Vorstellungen produzieren?

Durch die Flucht aus der erschreckenden Wirklichkeit in die Gedankenwelt entsteht eine weitere neue Angst, die schwelende Angst vor Nichterfüllung unse-

rer Wunschvorstellungen und Hoffnungen. Es steigt die
Furcht in uns auf, daß unsere Ansprüche sich vielleicht
nicht verwirklichen. Früher oder später spüren wir das
Mißverhältnis zwischen dem idealisierten Ego (von
lateinisch *ego*: ich) unseres Gehirns und den Fähigkeiten unseres wahren *Ich*, seine Ansprüche durchzusetzen. Wir wissen um Schwäche und Verletzlichkeit
unserer abstrakten Existenz und fühlen Angst aufstei-
gen, daß unser aufgeblähtes Ego ein Verlierer sein
könnte. Diese selbstgeschaffenen Ängste, die dem Gehirn durch unsere Sinne wie reale Ängste mitgeteilt
werden, lösen einen Alarm- oder Notruf aus.

Um meine Theorien klarer darzulegen, seien an dieser Stelle einige Zusammenhänge erklärt.

Der Hauptregulator unserer inneren Energie ist das
vegetative (autonome) Nervensystem, das die »automatische«, willensunabhängige Funktion der inneren Organe gewährleistet, und zwar über den Sympathikus
und den Parasympathikus.

Das parasympathische System, Lenker des konstruk-
tiven Stoffwechsels in unserem Organismus, löst die
Absonderung der Verdauungssäfte in den Magen-Darm-
Kanal aus und ist für die Ausscheidung überflüssiger
Stoffe aus dem Körper verantwortlich; es hat die Aufgabe, ein relativ stabiles physiologisches Wohlbefinden,
einen Ruhezustand, herzustellen.

Plötzliche und außergewöhnliche Umstände, vor allem solche, die unser Leben bedrohen, setzen dagegen
das sympathische System in Aktion. Es verschafft dem
Körper zusätzliche Energie, mit der er dem Notfall
begegnen, also vor allem eine Gefahr bekämpfen oder

vor ihr flüchten kann. Das sympathische Nervensystem lenkt somit den destruktiven Stoffwechsel, wozu
auch die Freigabe von Energie gehört.

Wichtig ist dabei, daß jede extreme Reaktion des
sympathischen Systems die des parasympathischen
herabsetzt, wodurch die normale Körperfunktion und
damit unser biologisches Wohlbefinden gestört werden.

Die Angst um den Fortbestand unseres imaginären
Ego ist Hauptursache solch zusätzlicher Energieschübe
und gleichzeitig Hauptfeind unseres physiologischen
Wohlbefindens. Meist machen wir uns mehr Sorgen um
das Überleben unseres Ideal-Ego als um unser wahres
Ich.

Die meisten unserer absurden, unnötigen oder irra-
tionalen Handlungen, ein Großteil der Ruhelosigkeit
und Hektik, der Gier und des Neides werden durch
Energien gespeist, die eingebildete Ängste auslösen –
die Angst, daß Ehrgeiz, Wunschdenken und Erwartungen sich nicht erfüllen, Angst vor vereitelten Hoffnungen oder vor dem Verlust dessen, was wir für unsere
positiven geistigen Errungenschaften halten.

Diese selbsterdachten Ängste stimulieren den Hypothalamus, der unser vegetatives Nervensystem beeinflußt. Er löst die Reaktion des Sympathikus aus und
aktiviert durch die Hypophyse den Ausstoß von Adrenalin und Noradrenalin. Mit Hilfe der Hypophyse kann
unser Hypothalamus auch die Schilddrüse anregen,
wodurch Oxydationsprozesse und Stoffwechselvorgän-
ge sowie die Körperenergie verstärkt werden.

Die durch das aktivierte sympathische System freige-

gebenen Neurotransmitter beschleunigen den Herz-
schlag und erhöhen den Blutdruck. Adrenalin verstärkt
den Sauerstoffverbrauch in den Zellen, stimuliert das
Herz und damit den Blutkreislauf und erhöht die Energie, indem es Glukose ins Blut bringt und dadurch die
Spannkraft der willkürlichen Muskeln verbessert und
den Körper handlungsbereit macht.

Noradrenalin erhöht den Blutdruck durch Verengung
der äußeren Blutgefäße und kleinen Arterien. Es weitet
auch die Arteriolen der willkürlichen Muskeln, was für
rasches und entschlossenes Handeln wichtig ist.

Die Neurotransmitter des sympathischen Nervensystems sowie die Hormone der Nebennieren (Adrenalin
und Noradrenalin) und der Schilddrüse setzen also eine
Kettenreaktion in den Körperzellen in Gang und veranlassen sie zu verstärkter Tätigkeit. Die Natur sieht
diesen Mechanismus vor, um zusätzliche Energie und
Handlungsbereitschaft zu schaffen, die es dem Individuum ermöglichen, einen plötzlichen, vorübergehen-
den Alarm- oder Notzustand zu überwinden, indem es
dem phylogenetisch programmierten Antrieb zu Kampf
oder Flucht folgt.

Durch die ständigen Wunschvorstellungen und beharr-
lichen Vorurteile oder Einbildungen schafft unser Denken jedoch dauernde Unsicherheit und stetige Angst vor
der Niederlage. (Eigenliebe, Selbstbetörung, Wunschdenken, Einbildungen sind in den Augen des Betrachters
ständig bedroht.) Die dauernde Unsicherheit unserer
gedanklichen Vorstellungen und die stete Angst vor
Niederlagen unseres selbstgeschaffenen Ich können

einen mehr oder minder permanenten Alarmzustand hervorrufen, der zu einer mehr oder minder anhaltenden Gefühlserregung führt. Da diese Erregung nicht in Kampf oder Flucht abreagiert wird, entwickelt sie sich zu einem biologischen Unbehagen, zu innerer Gereiztheit, Streß oder Spannung.

Diese typisch menschliche Erregung, die durch überernste Abstraktionen entsteht, nenne ich zum Unterschied von der natürlichen Erregung *psychosomatische* oder *geistig geschaffene Gefühlserregung*. Natürliche Erregung wird hauptsächlich durch eine automatische Reaktion des sympathischen Systems und der Nebennieren auf eine von unseren Sinnen erkannte wirkliche Gefahr hervorgerufen. Diese Reaktion hält meist nicht lange an, da sich das Problem bei Tier und Mensch rasch durch Kampf, Flucht oder Verstecken löst. Ist das Problem beseitigt, endet die übermäßige Reaktion des sympathischen Systems, das parasympathische kann nun stärker agieren, der Mensch fühlt sich wieder besser, und die physiologischen Vorgänge normalisieren sich.

Psychosomatische Gefühle werden hingegen geistig erzeugt und bleiben im Körper bestehen, solange der Geist sich damit beschäftigt. Die damit verbundene Erregung entladen wir selten durch Kampf oder Flucht vor den geistigen Vorstellungen, die sie verursachten. Noch seltener verstecken wir uns vor der Welt unserer Gedanken, um so die Angst zu beschwichtigen, die das Gefühl verursachte. Wir haben daher ein neues Naturphänomen erreicht: Wir sind imstande, unseren Organismus ständig unter Druck zu halten und damit den Launen und Anmaßungen unseres Denkens zu dienen.

Unsere psychosomatische Gefühlserregung ist der Preis, den wir dafür zahlen, in einer Welt der Einbildungen und Phantasien zu leben, gefahrvoll in einer ungewissen Welt geistiger Vorstellungen zu leben, die durch Tagträumerei oder Wunschdenken geschaffen wurde.

Je größer die Diskrepanz zwischen unseren anmaßenden Vorstellungen und unserer Fähigkeit, sie zu verwirklichen, ist, um so größer ist die geistig verursachte Erregung. Diese Erregung läßt sich durch noch größere Anmaßungen oder durch Verringerung unserer Fähigkeiten weiter erhöhen. Unsere Anmaßungen können wir erweitern, indem wir neue (politische oder wirtschaftliche) Rechte erwerben, durch einen höheren Lebensstandard, kulturelle, technische oder wissenschaftliche Errungenschaften oder einfach, indem wir unsere Selbstverblendung und Überheblichkeit steigern.

Unsere Fähigkeiten und Möglichkeiten können sich durch Krankheit, Müdigkeit, Invalidität, politische und wirtschaftliche Einschränkungen verringern, durch eine feindselige neue Umgebung, bei Angehörigen einer Minderheit durch ein Kollektiv und schließlich auch durch den Verlust eines geliebten Menschen.

Die durch biologisches Unbehagen, innere Gereiztheit oder Streß verursachte psychosomatische Erregung will sich natürlich entladen.

In dieser durch Verunsicherung oder Empfindlichkeit gedanklich erzeugten psychosomatischen Erregung und deren Wunsch nach Entladung fanden die einsamen Jugendlichen also den Mut und die Angriffslust, die Stärke und Energie, die bestehende natürliche Ord-

nung herauszufordern und zu beseitigen – eine Ordnung, die, wie gesagt, durch die Mutter-Kind-Beziehung
geprägt war.

In dieser psychosomatischen Gefühlserregung fand
der menschliche Geist die Willenskraft, die wiederum
den Ansporn zum Erreichen des höchstens Ziels jugendlich-unreifen Denkens gab: den Willen zur Macht.
Daß diese zusätzliche Energie sich aus der Entwicklung
des gefühlsbetonten Denkens und seiner Ängste herleitet, sieht man daraus, daß wir viel von dieser zusätzlichen Energie verlieren, wenn Teile des Gehirns, vor
allem die vorderen Hirnlappen, in denen diese Geistestätigkeit offenbar vor sich geht, beschädigt oder entfernt werden.

Durch gewisse abstrakte Ideen oder Meinungen vereint, schlossen sich die wurzellosen Jugendlichen also
zu Banden zusammen und zwangen ihre Denkweise,
ihre Meinungen und Verhaltensweisen den sozialen
Gruppen auf. Allmählich paßten sich auch die reifen
Frauen und Männer dem neuen Lebensstil an, deren
Vernunft, Intelligenz und Erfahrung durch die Arroganz
und Aggressivität der neuen Denkweise eingeschüchtert wurden. Manche Frauen, vor allem junge und
unverheiratete, begannen diese neuen Denk- und Verhaltensweisen, also die Mentalität männlicher Jugendlicher, sogar selbst zu übernehmen und wurden zum
Teil noch arroganter und aggressiver als die Männer.

Mit der Jugendrevolution veränderte sich das Leben,
in dem irrationales »Denken« nun den rationalen Intellekt hemmte oder ganz auslöschte. Gestützt auf die
psychosomatische Erregung, also auf Frechheit, Arro-

ganz und Aggressivität, hatte es das Irrationale leicht, sich dem Unaggressiven und Friedliebenden, dem Rationalen aufzudrängen. Absurdes, Ungereimtes, Paranormales und Paradoxes wurden Bestandteil des normalen Lebens.

Im Zuge der Jugendrevolution begann die Menschheit zwei an sich unvereinbare Dinge miteinander zu verbinden: die Zugehörigkeitssehnsucht des Menschen und seine Eigensucht. Zugehörigkeit bedeutete Abhängigkeit, Abhängigkeit minderte aber die individuelle Unabhängigkeit, die der Jugendliche erlangt hatte. Menschen mit jugendlich-unreifem Denken versuchten und versuchen auch heute, das soziale Leben um ihre Eigensucht, ihre Ichbezogenheit und den Individualitätskult herum zu organisieren. Es gelang ihnen, die natürlich gebildeten, auf gegenseitiger Abhängigkeit und Hilfe beruhenden Gemeinschaften durch Gesellschaftssysteme zu ersetzen, die nur Vereinigungen isolierter Individuen darstellten. In allen von selbstsüchtigen Individuen organisierten Gesellschaftssystemen prägte die gegenseitige Ausnutzung nun das Leben.

Die jugendlich-unreife Mentalität löste die um die *Materfamilias* gebildeten natürlichen Familiengruppen auf und ersetzte sie durch die angeblich ideale, nämlich nach ihrem Wunschdenken durch den *Paterfamilias* beherrschte Familie.

Diese neue Gesellschaftsordnung brachte auch bis dahin unbekannte Ängste mit sich. Zu den schlimmsten Ängsten gehörte die Angst vor dem Tod. Der Gedanke an totale Zerstörung kränkte das aufgeblähte Ego des Jugendlichen, die Angst vor einem Nichts erschütterte sein unreifes Wesen zutiefst. Mit Hilfe seines Geistes strebte er jedoch, seine Angst vor dem Tod durch Vorstellungen von der unsterblichen Seele und des ewigen Lebens nach dem Tod zu überwinden.

Ängste können auf eine gewisse Zeitspanne die Ausscheidung von Gehirnopiaten stimulieren. Diese Opiate ähneln in ihrer chemischen Zusammensetzung und Wirkungsweise dem Morphium. Wendet man sich auf der Suche nach einer Erklärung an die Wissenschaft, so vertritt sie die Ansicht, daß die Ausscheidung dieser natürlichen Opiate durch Streß erfolgt. Meiner Meinung nach fällt sie jedoch nur mit Streß zusammen, denn beide, die Absonderung der Gehirnopiate und der Streß, gehen auf die gleiche Ursache, nämlich auf Ängste zurück.

Die Gehirnopiate, auch *natürliche Schmerzstiller* genannt, können Streß nicht ausschalten oder erleichtern, sie verringern nur das körperliche Schmerzempfinden. Dies kann sich auch negativ auswirken, da der Schmerz ja ein Frühwarnsystem darstellt, das zum Einschreiten gegen Körperschäden und zu deren Behebung aufruft. Die Opiate mögen zum Beispiel zur Schmerzlinderung bei Raubtierbissen oder schweren Verletzungen sowie als Hilfe bei Unfällen, die zum Tod führen, einen gewissen Wert haben. Indem sie das Schmerzempfinden als Frühwarnsystem einschränken, können sie im täglichen Leben aber ebenso eine Gefahr bedeuten: Nicht selten kommt es vor, daß Menschen durch Streß ohne vorherige Anzeichen plötzlich zusammenbrechen oder völlig unerwartet sterben.

Im gleichen Maß, in dem natürliche Notfälle oder Gefahren zur Absonderung von Gehirnopiaten führen, wird diese Absonderung auch durch geistig geschaffene Ängste ausgelöst. Manche Menschen spüren dies und schaffen sich Ängste oder Sorgen, um aus der Realität in selbsterzeugte, wie durch Drogen hervorgerufene Zustände zu entfliehen. Da sie diese Zustände genießen, stellen sie sich stets neue Ängste und Sorgen vor. Dieses Austauschen von Ängsten oder Sorgen geschieht aufgrund der bewußten Annahme, daß die Ausscheidung von Gehirnopiaten und deren Wirkung bei Beibehalten der gleichen Sorgen allmählich nachläßt und schließlich aufhört. Meist handelt es sich bei diesen Ängsten und Sorgen um ganz Triviales, das im Gehirn überdramatisiert wird. So genießen auch Masochisten im Grunde nicht die Mißhandlung als solche, sondern die drogenartige Stimulation, die ihnen die Gehirnopiate bereiten.

Die Wirkung der natürlichen Opiate, ihre Wirkungsdauer und die anschließende Reaktion zeigt sich bei schweren, nahezu tödlich verlaufenden Unfällen besonders deutlich. Wer schon einmal einen solchen Unfall hatte, erlebte dabei wahrscheinlich kurze Zeit eine euphorische Hochstimmung. Bald darauf, sowie die Wirkung der natürlichen Opiate abgeklungen ist, beginnt der glücklich Überlebende die körperlichen Schmerzen der Verletzungen zu spüren oder verfällt in Zittern oder Panik.

Bei jugendlich-unreifer Mentalität kommt es zu einem weiteren seltsamen Phänomen – zu eingebildetem *see-*

lischem Leiden. Ein solcher Mensch leidet, wenn seine
Eitelkeit bedroht, angegriffen oder verletzt wird. Bud-
dha hat wohl zu Unrecht menschliches Leiden auf
Unwissenheit zurückgeführt; er hätte es der Eitelkeit
und Anmaßung zuschreiben sollen, die erst dann auftreten, wenn wir glauben, besser Bescheid zu wissen.

Eingebildetes Leiden führt zur Überreaktion des sympathischen Nervensystems und der Nebennieren
(Adrenalinausstoß), was Spannung und Streß hervorruft, also eine Notlage anzeigt.

Vielfach nennt man die von den Nebennieren abge-
sonderten Substanzen *Streßhormone*; aber sie helfen
nicht, Streß zu bekämpfen. Meiner Ansicht nach ist es
gerade die übergroße Menge dieser Hormone und der
Neurotransmitter des sympathischen Nervensystems,
die Gefühlserregungen und damit Ängstlichkeit, Spannung und Streß bewirken. Ängstlichkeit, Spannung
und Streß empfinden wir nämlich auch dann, wenn
man uns eine höhere Dosis Adrenalin spritzt.

Die selbstgeschaffenen Gefühle des Leidens rufen vor
allem deshalb Spannung, Angst und Streß hervor, weil
die größere Menge von Nebennierenhormonen und die
Neurotransmitter des sympathischen Nervensystems
Verkrampfungen der glatten Muskulatur zur Folge
haben.

Eingebildetes seelisches Leiden verändert das körperliche Schmerzempfinden sehr.

Durch seelische Ängste, Sorgen oder Leiden erzeugte
Opiate können während ihrer Wirkungszeit eine teilweise oder sogar völlige Unempfindlichkeit gegenüber
körperlichen Schmerzen herbeiführen. Bei länger an-

haltenden seelischen Ängsten, Sorgen oder Leiden schwächt sich die Ausschüttung dieser Opiate und damit deren schmerzstillende Wirkung ab und hört schließlich ganz auf. Danach wird der körperliche Schmerz oft unerträglich.

Weshalb aber empfinden Menschen mit lang anhaltenden seelischen Ängsten, Sorgen oder Leiden körperliche Schmerzen oft intensiver als andere?

Seelische Ängste, Sorgen oder Leiden wirken, wie erwähnt, auch auf die Muskulatur, die sich verkrampft. Die durch Muskelverkrampfung verursachte Steifheit, Gespanntheit oder Starre des Körpers erhöht den körperlichen Schmerz, weil sie die geschädigten Körperteile verspannt, Druck aussetzt oder reizt. Menschen mit stark aufgeblähtem Ego – um auf dieses Bild zurückzukommen –, fühlen sich durch körperliche Schmerzen beleidigt, was die Frustration und das (eingebildete) seelische Leiden erhöht. Nach der ersten kurzen Sorglosigkeit aufgrund der Wirkung der natürlichen Opiate können anhaltende Frustration und das eingebildete Leiden die körperlichen Schmerzen des dadurch beleidigten Menschen im Extremfall bis zur Agonie steigern.

Daß seelisches Leid körperliche Schmerzen verstärkt, läßt sich leicht nachweisen. Würde man die Stirnlappen des Gehirns chronisch kranker Menschen, entfernen oder die Verbindung der Stirnlappen zum Gehirn durchtrennen, so fühlten sie den körperlichen Schmerz weniger – vermutlich, so meine ich, weil sie sich weniger darum oder um ihr Ego sorgten. Denn wie schon erklärt, scheinen sich ja in diesen Gehirnlappen

die geistigen Reaktionen und das seelische (auch eingebildete) Leiden abzuspiegeln.

Die steten Sorgen und Leiden von Menschen jugendlich-unreifer Mentalität regen die Tätigkeit des sympathischen Nervensystems und der Nebennieren an, die
Wirksamkeit des körpereigenen Immun- und Repara-
tursystems wird herabgesetzt und damit die natürliche
Heilung einer Schmerzursache behindert.

Körperliche Wunden sehr ichbezogener und eitler
Menschen heilen meist viel langsamer als die Wunden
bescheiden denkender Menschen. Menschen mit Sinn
für Humor und kleine Kinder erholen sich meist viel
schneller und besser von Verletzungen und chirurgi-
schen Eingriffen als solche mit jugendlich-unreifer
Selbstüberschätzung. Allgemein neigen Frauen weniger zur Selbstverblendung und zu eingebildeten Leiden,
daher ertragen sie körperliche Schmerzen meist besser
als Männer und erholen sich leichter davon. Solche
Frauen aber, die sich selbst sehr überschätzen, bringt
die geringste Verletzung bereits völlig aus der Fassung.

Wird unser Ego in seiner Existenz erschüttert, zum
Beispiel wenn uns ein geliebter Mensch verläßt, oder
wird es frustriert oder beleidigt, so kann eine damit
verbundene übertriebene und lang anhaltende Aktivität des sympathischen Nervensystems und der Nebennieren, nach einer etwaigen kurzfristigen Euphorie
durch die Opiatausschüttung, zu chronischen körperlichen Schmerzen, echten Leiden und manchmal zu
unheilbaren Krankheiten führen.

Bei manchen Menschen wird das Ego oft ernsthaft
durch den Erfolg anderer, vor allem Verwandter oder

Nachbarn, stark beeinträchtigt. In diesem Fall kann das eingebildete Leiden die Existenz in Form von Neid buchstäblich vergiften.

Der Jugendliche stellte seine psychosomatischen Gefühlserregungen schließlich in den Dienst seiner Begierden, und daraus ergab sich wieder etwas Neues: die Leidenschaft. Bald flüchtete man aus Angst vor Minderwertigkeit, Anonymität oder Banalität in verschiedene Leidenschaften. Eine solche Flucht verstärkt jedoch die Angst und hat erneute Pein zur Folge, die sich oft in heftigen Ausbrüchen entlädt. Auf diese Weise können sich Leidenschaften bis zum Fanatismus steigern.

Gewöhnlich erklärt man, daß ein leidenschaftlicher Mensch vom Gegenstand seiner Leidenschaft besessen ist. Ich würde jedoch sagen, daß diese *Besessenheit* sich in Wirklichkeit nur aus seiner Fixiertheit auf sein selbstsüchtiges Ego ergibt.

Das Sinnwidrige und Komische der Leidenschaften erkennt man an ihren Zielen. Da will man zum Beispiel geistige Ideale als materiellen Besitz verwirklichen oder Vorstellungen greifbar herbeilocken – eine Unmöglichkeit. Es gibt also wenig Grund, sich ihnen zu verschreiben. Als beste Hilfe, den nötigen Abstand zu ihnen zu erlangen und sie weniger ernst zu nehmen, bietet sich eine humorvolle Einstellung an.

Da sie aus Unzufriedenheit entstehen und einer Verachtung des wahren Ich gleichkommen, können starke Leidenschaften sogar den Selbsterhaltungstrieb beeinträchtigen. Ebenso sind intensive Leidenschaften imstande, sexuelles Interesse und die Potenz zu min-

dern, können also das Interesse an der Erhaltung der Art
sehr einschränken.

Die Jugendlichen begannen dann, sich nach Besitz zu
sehnen. Sie wollten die Personen und Dinge, in die sie
sich verliebten, besitzen. Mit Besitz hofften sie, ihre
mangelnde Zugehörigkeit und ihre Einsamkeit auszu-
gleichen. Durch ihre Isolation richteten sie nun ihr
ganzes Augenmerk auf den Besitz und schufen eine
Intimbeziehung, einen engen Umgang mit ihren Be-
sitztümern. Sie begannen, ihrem Besitz gleichsam zu
gehören, und dies machte sie zu Sklaven der Besitztü-
mer. Nicht das Privateigentum hat den Menschen
entfremdet, wie KARL MARX (1818–1883), der Vorden-
ker des Sozialismus dachte, sondern entfremdete Menschen erfanden Privateigentum und persönlichen
Reichtum. Unreife Menschen (im Sinne meiner Theorie) werden im kapitalistischen System ebenso entfremdet sein wie im kommunistischen oder jedem
anderen.

Das jugendlich-unreife Denken führte zu Vorstellungen von Wert, Wertschätzung und Bedeutsamkeit, und
zwar ursprünglich in bezug auf Güter und Besitz.

Der Jugendliche brachte Gier, Unruhe und Rastlosigkeit ins Leben. Je größer die Selbstüberschätzung, um
so wichtiger fühlte sich sein aufgeblähtes Ego und um
so gieriger, unruhiger und rastloser wurde er auch.

Im neuen Zeitalter, also jener Ära, die durch die
Jugendrevolutionen eingeleitet wurde, trat nun der
Konkurrenzkampf an die Stelle des früheren natürli-
chen Zusammenhalts unter den Mitgliedern einer so-

zialen Gemeinschaft, und zwar begann das Konkurrenzdenken mit den selbstgeschaffenen Ängsten oder mit Gefühlen der Verwundbarkeit. Wie bereits dargelegt, lösten diese Ängste und Empfindlichkeiten eines jugendlich-unreifen, aufgeblähten Ego hohe Adrenalinstöße aus, die Unruhe und Rastlosigkeit zur Folge hatten.

Die Vorstellung von Konkurrenz und individueller Rivalität führte unter anderem zur Entstehung aller möglichen Wettkämpfe, die nun das Hauptinteresse bildeten. Die Griechen etwa verherrlichten den Sport, und zwar gerade zu der Zeit, in der auch der Personen- und Leistungskult im Vordergrund stand.

Wettkampf ist jedoch nicht mit Spiel gleichzusetzen. Spiel ist erholsam und fördert die Entwicklung lebensnotwendiger Kräfte und Fähigkeiten ohne Verkrampfung, während die meisten Wettkämpfe sich gegen die Gesundheit richten. Das Spiel ist eine fröhliche und gesunde körperliche und geistige Übung, die meisten Wettkämpfe sind dagegen anstrengend und erzeugen Verspannungen, nicht zuletzt deshalb, weil zu ihnen ja Feindseligkeit und Kampf gehören.

Wie ungesund Wettkämpfe eigentlich sind, erkennt man, wenn man überlegt, woher die für sie benötigte Energie kommt. Wie ich bereits hervorhob, wird zusätzliche Energie durch zusätzliche Ängste bereitgestellt. Die Angst, einen Wettkampf zu verlieren oder keine gute Leistung zu erbringen, schafft diese zusätzliche Energie, denn solche Ängste bedeuten eine Alarmsituation, durch die das sympathische Nervensystem und der Adrenalinausstoß angeregt werden. So entsteht die zusätzliche Energie, die man benötigt, um an einem Wettkampf teilzunehmen und, vor allem, in ihm zu siegen. Wie schon das Wort sagt, schließt ein Wettkampf den Kampf mit ein, und Kampf wird in der Natur stets durch Angst ausgelöst.

Sportliche Leistungen direkt oder im Fernsehen mitzuverfolgen, bedarf ebenfalls zusätzlicher Energie. Auslöser für diese Zusatzenergie ist die Begeisterung, manchmal auch die leidenschaftliche Vorliebe für die eine oder andere Partei, wobei es zu der Angst kommt, man könnte den Verlierer unterstützen und damit an Gesicht verlieren. Die von dieser Angst geschaffene Gemütsbewegung verwandelt sich in heftige Erregung, die wir *Aufregung* nennen.

Die Angst, zu verlieren, stimuliert die Ausschüttung natürlicher Opiate. Dadurch geraten begeisterte Sportler oft in Euphorie. Athleten, die an einem Wettkampf nicht teilnehmen können, zeigen manchmal ähnliche Entzugserscheinungen wie Drogensüchtige. Nimmt man den Spielern nach einem Wettkampf Blutproben ab, so finden sich darin hohe Mengen an Adrenalin und Opiaten, die vor allem durch Aufregung oder Angst hervorgerufen wurden.

Der unreife Mensch neigt dazu, die durch Unsicherheit hervorgerufenen Gefühle in die Suche nach Erfolg umzumünzen. Der Erfolg verstärkt jedoch die Anmaßung oder den übermäßigen Ehrgeiz und damit die Sehnsucht nach weiterem Erfolg, ein Kreislauf, der letztlich nur zu noch größerer Einsamkeit führt. Denn der unreif denkende Mensch erkannte nie, daß Erfolg und Sieg ein Individuum noch mehr isolieren, weil man

die Erfolgreichen und Siegreichen fürchtet. Gefürchtet
zu werden, bedeutete andererseits jedoch ein Hauptziel
vieler unreif denkender Menschen.

Der Großteil der jugendlich-unreif denkenden Menschen ist mit sich selbst unzufrieden – jedenfalls immer
dann, wenn ihnen die Kluft zwischen dem anmaßenden
Ego und dem wirklichen Ich bewußt wird, oder wenn
sie glauben, mehr zu verdienen, als sie erreichen können. Die durch ihre eigene Unzufriedenheit verursachte psychosomatische Erregung versuchen die meisten
dann in Unzufriedenheit und Zorn über andere zu
entladen, oder in Bosheit und Bösartigkeit. In der Tierwelt gibt es keine Bosheit, da Tiere keine Anmaßung
kennen.

Wenn wir uns anderen gegenüber unschön verhalten,
versuchen wir in Wirklichkeit, unser wahres Ich dafür
zu bestrafen, daß es seinem Idealbild nicht entspricht.
Gelegentlich gewinnt man tatsächlich den Eindruck,
daß Menschen, die sich anderen gegenüber stets unleid-
lich benehmen, nur versuchen, sich selbst für ihre
Anmaßung und ihre Launen zu bestrafen. Vielleicht
spüren sie tief in ihrem Inneren, daß sie nur durch diese
Bestrafung Zufriedenheit oder Glück erreichen.

Da der unreife Geist den natürlichen Prozeß des Reifens
gehemmt oder ganz unterbunden hatte, schuf er sich
seine eigene Art von Reife. Hauptziel des Jugendlichen
war es, erwachsen zu erscheinen. Ein abstraktes »*Sollte
eigentlich sein*« wurde die Leitlinie für das Erwachsen-
sein.

Die mangelnde Reife der (im genannten Sinn) pubertär empfindenden Menschheit läßt sich an vielen unvorhersehbaren und inkonsequenten Handlungen erkennen. So sind wir zum Beispiel imstande, jederzeit und binnen kurzem von einem Extrem zum anderen, etwa von Liebe zu Haß oder von Fürsorge zu Völkervernichtung, zu wechseln.

Entsprechend ihren eigenen Vorstellungen von Reife blieb es nicht aus, daß die Jugendlichen begannen, Rollen zu spielen, zu posieren, sich zu verstellen und zu heucheln, sich angeberisch oder übertrieben feierlich zu geben. Das Individuum wurde zur *persona*, was im Lateinischen *Maske* bedeutet. Das Leben machte den Eindruck eines *bal masqué*, wie der Romancier HENRI STENDHAL (1783–1842) sagte. Posen, Gespreiztheit und Maskeraden hatten jedoch Lampenfieber zur Folge, das die Arroganz und Angriffslust unreif denkender Menschen nur noch verstärkte. Sie erfanden Begriffe wie *Etikette, Manieriertheit* und *Mode* und fingen an, sich davon beherrschen zu lassen.

Durch die übertriebene Ernsthaftigkeit, die Ansprüche, Posen und Affektiertheiten entstand aber noch etwas weiteres, nämlich der Spott. Wir sind stolz darauf und betonen es oft, als einzige Spezies lachen zu können, aber wenige haben noch darauf hingewiesen, daß wir auch die einzige Spezies sind, über die man lachen kann. Indem wir uns von unrealistischen Ideen, Vorurteilen, Anmaßungen oder Affektiertheiten leiten lassen, liefern wir ausreichenden Anlaß dazu. Als man den griechischen Philosophen DEMOKRIT (460–380 v. Chr.) fragte, warum er lache, antwortete er, er lache über die

Eitelkeit und Narrheit, die die Menschen regierten. Er
lache darüber, wie Menschen sich vom Ehrgeiz zerfres-
sen ließen und sich für ein bißchen Ruhm oder Bewunderung so anstrengten.

Kinder und Menschen mit natürlicher Reife reizen
nur dann zum Lachen, wenn sie das jugendlich-unreife
Denken oder den damit verbundenen Lebensstil nach-
ahmen.

Wer sich von diesem Denken beherrschen läßt, sollte
sich dessen bewußt sein, daß man ihn nicht ernst
nimmt, wenn er soviel Energie darauf verschwendet,
andere zu beeindrucken, zu verführen oder zu verwirren. Noch eigenartiger und komischer wirkt es ja, wenn
Männer mit aller Kunst und Künstlichkeit versuchen,
Frauen zu beeindrucken – da sie mehr als alles andere
fürchten, von ihnen wegen ihrer selbsterdachten Rollen
verlacht zu werden.

Dieses jugendlich-unreife Denken hat sich so stark
durchgesetzt, daß wir es heute für angeboren, für die
einzig mögliche Denkform halten und es als der ganzen
menschlichen Spezies, Männern und Frauen, alt und
jung, reifen und unreifen Menschen, zugehörig betrachten. Viele sind inzwischen überzeugt davon, daß
die heutigen Denkweisen und Vorstellungen immer
schon bestanden hätten und auch bestehen bleiben.

Die von solchermaßen unreifen Menschen organi-
sierte Gesellschaft trieb diese Entwicklung des Denkens voran und sorgte so von sich aus für die erfolgreiche Einbürgerung des unreifen Denk- und Lebensstils
in aller Welt.

In den vergangenen zweieinhalbtausend Jahren entwickelte sich das Denken meiner Ansicht nach deshalb
mehr oder schneller als zuvor, weil die in der neu
organisierten Gesellschaft wurzellosen Individuen
rücksichtslos darum kämpften, einander auszunützen
oder an die Wand zu drücken. Die Bösartigkeit dieser
neuen Mentalität bildete den Hauptauslöser für die
Entwicklung der Verschlagenheit. Dieser bemerkens-
werte *Fortschritt* im menschlichen Denken fand allerdings auf Kosten der Intelligenz statt. Und er besaß eine
weitere unangenehme Nebenwirkung: Je schlauer und
verschlagener man wurde, um so größer wurde auch die
Angst vor der Verschlagenheit und Schlauheit der anderen.

Die natürliche Selektion begann von der über das
Denken entstandenen Schlauheit, Verschlagenheit und
Aggressivität beeinflußt zu werden.

Für eine gewisse Gültigkeit meiner Theorie über die
Jugendrevolutionen würde auch sprechen, daß Begriffe
wie *Schuld* und *Erbsünde* tief in uns verwurzelt sind.
Die Idee zu diesen Begriffen kann wohl nur durch die
Zerstörung der natürlichen Ordnung und durch die
Ängste eines nach künstlich geschaffenen Regeln und
Gesetzen verlaufenden Lebens erwacht sein. Es liegt ja
nicht zuletzt in der Natur der unrechtmäßigen Besitz-
ergreifung, Reue und Sehnsucht hervorzurufen. Seit der
Jugendrevolution wurde die Sehnsucht zu einem Teil
unserer Existenz. Wenn wir die Geschichte zurückver-
folgen, fällt auf, daß jede Generation romantisch oder
liebevoll auf eine vergangene Zeit zurückblickte. Man

hat den Eindruck, daß wir uns rückwärtsgehend dem Leben stellen, das geistige Auge auf die *gute alte Zeit* gerichtet. Dieses Problem der Sehnsucht nach der glücklichen Gemeinschaft ist bis heute ungelöst, auch wenn verschiedene Ideologien, Glaubensrichtungen oder Weisheitslehren versuchen beziehungsweise meinen, eine Lösung anzubieten.

Lassen Sie mich meine theoretischen Überlegungen kurz zusammenfassen. Nach der Loslösung aus der natürlichen matriarchalischen Lebensordnung bestimmt gleichsam pubertäres Denken und Handeln das Leben der Menschen. In einer unangemessenen, übertriebenen Ernsthaftigkeit liegen die Wurzeln der dynamischen Entwicklung der Menschheit in den letzten Jahrtausenden (verglichen mit der langsamen Evolution über gewaltige Zeiträume davor) – und auch der vielfältigen Krankheiten des Menschen. Deshalb gilt es, den Zustand der Unreife zu überwinden.

Der beste Weg, mit unserer eigenen Unvollkommenheit und den Unzulänglichkeiten dieser Welt zurechtzukommen, besteht wohl darin, alledem mit *Humor* zu begegnen, mit dem *Lachen* über die unwillkürliche und oft unfreiwillige Komik, die unser Leben und unsere Existenz mit sich bringen. So lebt es sich nicht nur leichter – wenn Sie nach dieser Devise leben, werden Sie auch in gesundheitlicher Hinsicht die *Heilkraft des Humors* zu spüren bekommen. Es heißt nicht umsonst: *Wer lacht, lebt länger.*

1

Vergnügen und Lachen

Was ist Lachen? Diese Frage hat die Menschen wohl beschäftigt, seit sie begannen, Fragen zu stellen.

»Seit ARISTOTELES haben sich die größten Denker mit diesem kleinen ›Problem‹ befaßt, das sich bei größter Anstrengung nicht fassen läßt und immer wieder entschlüpft, um dann neu aufzutauchen; eine kecke Herausforderung philosophischer Überlegungen.« Diese Worte des französischen Philosophen HENRI BERGSON (1859–1941) deuten schon auf die hier zu bewältigenden Schwierigkeiten hin.

Folgende Theorien veranschaulichen die Ratlosigkeit in bezug auf das Lachen noch weiter. Sie stammen aus der Einführung des Psychologen HANS JÜRGEN EYSENCK zu einem Sammelband über die Psychologie des Humors.

Biologische, Instinkt- und Evolutionstheorien erklären, daß das Lachen uns angeboren ist und bestimmten Zwecken dient.

Die *Überlegenheitstheorie* erklärt, daß Lachen ein persönlicher Triumph sei. Der englische Philosoph THOMAS HOBBES (1588–1679), ein bekannter Verfechter dieser Theorie, schrieb in seiner Abhandlung über die menschliche Natur, daß das Lachen aus der plötzlichen Erkenntnis unserer Eigentümlichkeiten und unserer Bedeutung entstehe. Denn was könne die gute Meinung von sich selbst mehr bestärken als der Vergleich mit Schwächen oder Absonderlichkeiten anderer Menschen? Und HOBBES meinte weiter, daß plötzlicher Ruhm zu Grimassen führe, die man Lachen nenne.

Unvereinbarkeitstheorien behaupten, daß Lachen durch eine ungewöhnliche, inkonsequente oder unvereinbare Zusammenstellung von Ideen, Situationen, Verhaltensweisen oder Haltungen verursacht werde.

Überraschungstheorien vertreten die Ansicht, daß das wesentliche Element des Lachens im Plötzlichen und Unerwarteten bestehe.

Ambivalenztheorien besagen, daß Lachen die Reaktion auf die Gleichzeitigkeit zweier unvereinbarer oder widersprüchlicher Gefühle sei.

Strukturtheorien halten das Lachen für das Erkennen einer gewissen Verbindung zwischen Elementen, die ohne Zusammenhang oder unvereinbar zu sein scheinen.

Erlösungs- und Erleichterungstheorien sehen das Lachen als Erlösung aus Spannung.

Die *psychoanalytische Theorie* SIGMUND FREUDS (1856–1939) betont, Vergnügen komme daher, daß man sich ein Gefühl erspare. Das Ich lasse sich nicht durch die Wirklichkeit verletzen oder zum Leiden zwingen,

das Vergnügungsprinzip sei stark genug, sich trotz
ungünstiger Umstände zu behaupten.

Meiner Ansicht nach sind Vergnügen und Lachen
innig mit der Welt der Ängste und Sorgen verbunden,
die vom Denken und seiner übergroßen Ernsthaftigkeit
hervorgerufen werden. *Über-Ernsthaftigkeit* ist nicht
das Gegenstück zu Lächerlichkeit, sondern *ist* in sich
selbst Lächerlichkeit und damit Quelle von Vergnügen
und Lachen. Das Lächerliche begann, als wir die Natur
zugunsten der Übernatur aufgaben, als wir anfingen,
uns auf Illusionen zu stützen, und vor der Realität in die
Gedankenwelt der Einbildungen, Wünsche, Hoffnungen oder unberechtigten Erwartungen flüchteten.

»Was für wunderbare Narren die Religion aus den
Menschen macht!« schrieb Shakespeares Zeitgenosse
Ben Jonson. Er hätte hinzufügen können, daß nicht nur
die Religion, sondern auch jede andere Erfindung des
Gehirns, wenn man sie *zu* ernst nimmt, uns zu Narren
macht.

Jegliches Erkennen des Mißverhältnisses zwischen
übertriebenen Vorstellungen und der Wirklichkeit,
zwischen dem erdachten »*Sollte eigentlich sein*« und
dem Sein der Natur, zwischen Angestrebtem und Er-
reichtem, Versprechen und Erfüllung, zwischen er-
dachter und vernünftiger Logik, kann Heiterkeit und
Lachen hervorrufen.

Warum aber amüsieren wir uns und lachen, wenn die
Überernsthaftigkeit unserer Einbildungen erschüttert
wird?

Indem wir diese Überernsthaftigkeit beseitigen, befreien wir uns von den durch sie geschaffenen Ängsten

und schalten damit gleichzeitig die Quelle psychoso-
matischer Erregung aus. Die im Körper aufgestaute
Erregung entlädt sich, und zwar meist durch Lachen.
Ohne jene Gefühlserregung, die durch Spannung und
Streß entsteht, fühlen wir uns körperlich wohl, und
dies äußert sich als Vergnügen und Freude.

Physiologisch gesehen entstehen Vergnügen und
Freude aufgrund eines gesünderen Ausgleichs zwischen den Reaktionen des sympathischen und des
parasympathischen Nervensystems sowie durch geringere Adrenalinausschüttung – wozu es wiederum
durch Ausschalten der selbstgeschaffenen Ängste
kommt.

Bei diesem gesünderen Gleichgewicht zwischen
dem sympathischen und dem parasympathischen System verringert sich die Reaktion des sympathischen
Systems, und die des parasympathischen verstärkt
sich, was unsere gesamte Lebenskraft erhöht. Vergnügen und Lachen drücken sich auch oft durch ein Strah-
len und Glitzern der Augen aus, führen zu Tränen,
vermehrtem Speichelfluß und sogar unkontrolliertem
Harnfluß – denn all dies wird vom Parasympathikus
gesteuert. Dank der verringerten Tätigkeit des Sympathikus lockert sich gleichzeitg die glatte Muskulatur,
und Streß und Spannung werden herabgesetzt. Eine –
wegen der Beseitigung eingebildeter Ängste – ausgegli-
chenere Tätigkeit des Adrenalorgans (Nebennieren-
mark) führt zu einer Dehnung der willkürlichen Muskulatur und normalisiert den Blutdruck. Durch die
geringere Aktivität des Sympathikus und des Adrenalorgans erweitern sich ebenfalls die Blutgefäße in Ge-

hirn, Retina und Nieren etwas, so daß diese besser arbeiten können.

Die herabgesetzte Tätigkeit des Sympathikus kann unsere Steifheit in solche Beweglichkeit umwandeln, daß wir bei unbeherrschtem Lachen sogar zusammenbrechen.

Derselbe Mechanismus trifft nicht nur auf unser eigenes Wunschdenken zu, sondern auch, wenn uns die übertriebenen Vorstellungen anderer verunsichern. Denn Einbildungen schaffen Unsicherheit und Angst, und es entsteht eine gewisse Erregung. Diese Erregung kann letztlich zu Angriffslust führen. Jede Einbildung, die wir an einem anderen Menschen feststellen, ängstigt uns daher und ruft Besorgnis oder Unbehagen in uns hervor. Intuitiv spüren wir, daß Menschen, die sich an die Erfindungen ihrer Vorstellungskraft klammern, in Gefahr sind, und wir empfinden, daß gefährdete Menschen gefährlich sein können. Diese durch die übertriebenen Vorstellungen anderer verursachte Angst erweckt in uns eine gewisse Erregung und verstärkt Spannung und Streß.

Werden die übertriebenen Vorstellungen anderer entwertet oder erschüttert, so befreit uns dies von der Angst vor ihnen. Mit dem Versiegen der Angst versiegt auch die Quelle der Erregung. Das Versiegen dieser Quelle ermöglicht es uns, die bereits aufgestaute Erregung zu entladen, vor allem durch Lachen, und wir gelangen zu einem angenehmen biologischen Empfinden.

Ein gesünderer Ausgleich zwischen den Tätigkeiten des sympathischen und des parasympathischen Nervensystems und eine normalere Tätigkeit des Adrenalorgans führen uns von der Spannung zur Entspannung, von der Steifheit zur Beweglichkeit. Ein Gefühl der Wärme und des Wohlbehagens strömt durch unseren Körper. Wie gut beschrieb dies der französische Lyriker CHARLES BAUDELAIRE (1821–1867), als er das Lachen als *la joie de grandir*, die Freude am Größerwerden, am Erwachsenwerden bezeichnete.

Natürlich kann jeder Aspekt unserer Einbildungen und Phantasien lächerlich sein. Wie das Erkennen von Schönheit hängt auch das Lächerliche oder Komische vom Auge des Betrachters ab.

Witze bringen uns zum Lachen, weil sie die uns beunruhigende Überernsthaftigkeit des Denkens erschüttern. Obszöne Witze versuchen meist, einschränkende moralische Werte im Sexualbereich ins Lächerliche zu ziehen. Wird durch einen Scherz jemandes einschüchternde, gestelzte Ernsthaftigkeit oder Würde erschüttert, so lachen wir.

Karikaturen und Parodien bringen uns zum Lachen, wenn sie eine akut gefürchtete Autorität oder Macht herabwürdigen. Die Karikatur eines bereits verstorbenen oder abgesetzten Diktators berührt uns dagegen kaum. Selbst das Entwerten von äußeren Zeichen einer Autorität oder Macht oder das Erniedrigen sozialer Statussymbole, etwa durch einen Vogel, der seine Exkremente auf einen Rolls-Royce fallen läßt, können Heiterkeit und Lachen hervorrufen.

Auch das Chaos kann zum Lachen reizen, weil es die oft unangenehme sozial oder moralisch auferlegte Disziplin ins Lächerliche zieht.

Frivolität und Koketterie rufen Heiterkeit und Lachen hervor, wenn sie die Steifheit affektierter Verhaltensweisen oder Einstellungen herausfordern.

Anekdoten können erfrischend wirken, denn sie bringen stolze, erfolgreiche und bedeutende Personen auf eine menschlichere Ebene.

Angeberischen Snobismus zu verlachen, verschafft auch eine gewisse entspannende Befriedigung.

Plumpheit und Ungeschicklichkeit können vergnüglich sein, wenn sie bedrückende Konventionen aufbrechen.

Spielereien mit steifen, überkommenen Sprachformen, Lautvertauschungen und Sprachscherze bilden eine unerschöpfliche Quelle des Schmunzelns und Lachens.

Possen lockern die durch Überernsthaftigkeit geschaffene Spannung und können dadurch erheitern. Übertriebener Aufgeblasenheit *die Luft abzulassen*, gefährliche Arroganz oder die Überheblichkeit berühmter Leute anzugreifen, unnötiges Klassenbewußtsein zu degradieren, beängstigenden Okkultismus zu entmystifizieren – all dies kann Vergnügen und Lachen hervorrufen.

Ein Komödiant kann durch Infragestellen der künstlich festgelegten Ordnung ohne Bosheit oder Bösartigkeit Vergnügen und Zufriedenheit schaffen. Komödiant und Revolutionär haben eines gemeinsam: Beide fordern die etablierte Ordnung heraus, allerdings mit dem Unterschied, daß der Komödiant sie zu erschüttern versucht, während der Revolutionär sie durch eine neue Ordnung oder eine andere Denkweise ersetzen möchte.

Ein leidenschaftlicher Komödiant ist nie revolutionär, der leidenschaftliche Revolutionär hingegen ist zumeist komisch.

Die Tatsache, daß die Bereitschaft zum Lachen sich mit stärkerem Gemeinsamkeitsgefühl und mit der Gruppendichte erhöht, scheint mir ein Beweis dafür, daß Heiterkeit und Lachen dem Sieg über die Angst entspringen. Isolierte und einsame Individuen verlieren in der Gruppe einen Teil ihrer Ängste, vor allem, wenn sie sich der Gruppe zugehörig fühlen.

Einer Art von Lachen möchte ich jedoch besondere Aufmerksamkeit widmen: dem Lachen kleiner Kinder. Wenn meine Theorie stimmt, daß Lachen von den durch Ängste hervorgerufenen unangenehmen Gefühlen befreit, stellt sich die Frage, wie in kleinen, noch unerfahrenen Kindern Gefühlserregungen und Spannungen entstehen können. Dies läßt sich wohl nur dadurch erklären, daß Ängste vererbt werden. Genau wie andere Lebenwesen erben wir die Ängste unserer Spezies, und dazu kommen noch die Ängste, an denen die Mutter während der Schwangerschaft besonders litt.

Gefühlserregung, Spannung und Streß werden, wie schon gesagt, durch einen Überschuß an Adrenalin und Neurotransmittern im Blut hervorgerufen. Während des Embryonalstadiums können die durch starke und anhaltende psychosomatische Erregung der Mutter entstandenen Neurotransmitter und Hormone in den Embryo übergehen, dessen Entwicklung beeinflussen und das Kind für die Ängste, an denen die Mutter litt, empfänglich machen.

Im Spiel befreit sich das Kind von den ererbten Ängsten, wird übermütig und lacht. Wird ein Kind in die Luft geworfen und sicher wieder aufgefangen, so lacht es, weil es erfolgreich mit seiner ererbten Angst vor dem Fallen gespielt hat. Das Spiel mit unartikulierten Schreien beseitigt die ererbte Angst des Kindes vor Schreien. Laute Schreie verängstigen viele Lebewesen, denn Schreie zeigen immer das Entstehen oder Vorhandensein einer Erregung und damit auch einen möglichen oder tatsächlichen Angriff an. Das Kind lacht, wenn es erfolgreich mit Übertreibungen gespielt hat, denn dies beschwichtigt seine ererbte Angst vor allem Überdimensionalen.

Die Leidenschaft vieler Jungen für Kriegsspielzeug ist – neben der damit verbundenen »Erwachsenenrolle« – vielleicht sogar ein Zeichen dafür, daß sie die von ihren Müttern geerbte Angst vor Kriegen überwinden wollen. Seit der Jugendrevolution wurden Kinder ja sehr oft in einer Kriegsatmosphäre zur Welt gebracht.

Eine weitere Art des Lachens, die immer schon eigenartig berührt hat, ist das Lachen bei einer schlechten Nachricht, selbst wenn es sich dabei um den Tod eines geliebten Menschen handelt. Dieses Lachen tritt vor allem dann auf, wenn man die betreffende Nachricht schon einige Zeit voraussah oder befürchtete. Die Angst vor einer schlechten Nachricht oder das Erwarten einer solchen verursacht eine Gefühlserregung, Anspannung oder Belastung. Trifft die schlechte Nachricht dann wirklich ein, verschwindet das durch die Angst verstärkte seelische Leiden und macht dem Lachen Platz, das von der Erregung befreit. Die unerträgliche seelisch-körperliche Anspannung entspannt sich im Vorgang des Lachens (oder auch Weinens).

Entkommen wir einer Gefahr, vor allem einer tödlichen Gefahr, erkennen wir plötzlich, welches Glück wir hatten, so verdrängt dieses Gefühl unsere angenommenen Rollen, Affektiertheiten und Posen für eine Weile und entlädt sich in einem *fou rire*, einem irren, einem närrischen Lachen.

Häufig lacht man künstlich, konventionell oder heuchlerisch. Wie jede andere künstliche Schöpfung unseres Gehirns wird dieses kalkulierte Lachen jedoch lächerlich, wenn es seinen Zweck verfehlt.

Bei einigen Krankheiten, wie Epilepsie oder Wundstarrkrampf, und bei Strychninvergiftung kommt es zu spontanem Lachen. Auch Alkohol oder manche Drogen bewirken ein Lachen, indem sie die Überernsthaftigkeit vorübergehend auflösen.

Was die Wissenschaftler seit langem beschäftigt, ist das durch Kitzeln hervorgerufene Lachen. Ich glaube, wir lachen beim Kitzeln deshalb, weil jemand mit unserer angeborenen Abwehrbereitschaft spielt, indem er jene Körperteile zart berührt, die mit Schutzreflexen ausgestattet sind. Spielt jemand mit diesen Körperteilen, verringern sich unsere ererbten Ängste oder werden beseitigt, so daß die Erregung sich in Form von Lachen entladen kann.

Kitzeln kann lästig oder unangenehm sein, gleichgültig lassen oder Vergnügen und Lachen hervorrufen. Die Reaktion der gekitzelten Person hängt von drei Faktoren ab: erstens, ob der Betroffene es als Spiel empfindet, zweitens, ob die ausführende Person es als Spiel meint, und drittens, welche Gefühle der Gekitzelte der anderen Person entgegenbringt. Ist der Gekitzelte in spielerischer Laune, so wird ihm das Kitzeln Vergnügen bereiten und Lachen hervorrufen, sofern die beiden übrigen Faktoren ebenfalls positiv sind. Trifft einer der drei genannten Faktoren aber nicht im positiven Sinn zu, ergibt sich bei dem Betroffenen eine negative Reaktion. Mag der Gekitzelte die andere Person nicht oder mißtraut er ihr, wird selbst die zarteste Berührung weder Lachen noch Vergnügen erzielen.

Vergnügen und Lachen äußern sich also in den verschiedensten Arten und entstehen durch die verschiedensten Anlässe. Obwohl es nur eine kurze, spontane Reaktion darstellt, übt das Lachen, wie schon erwähnt, eine gesundheitlich positive Wirkung aus. Es baut Spannungen ab und erweist sich aufgrund der erläuterten physiologischen Zusammenhänge allgemein als Jungbrunnen für Körper und Seele. Darüber hinaus erleichtert und fördert es die Kommunikation – *Lachen verbindet* – und nimmt der Überernsthaftigkeit ihren ernsten, strengen Charakter. Natürlich lassen sich nicht alle Probleme mit einem Lachen plötzlich aus der Welt schaffen, doch schützt uns eine humorvolle Betrachtungsweise vor Enttäuschungen und gibt uns die Kraft, Schwierigkeiten ohne zu große Betroffenheit in Angriff zu nehmen.

Es vergeht sicherlich kein Tag, an dem nicht irgendeine komische Situation oder irgendein komischer Aspekt uns zum Lachen reizen und die Anspannungen des Alltagslebens entkrampfen könnte – wir müssen die Komik nur entdecken! Wenn Sie sich dies zur täglichen Aufgabe machen, haben Sie auf dem Weg zu Gelassenheit, Wohlbefinden und Lebensfreude schon viel erreicht.

2

Humor

In seinem *Covent Garden Journal* Nr. 19 schrieb HENRY FIELDING (1707–1754), daß nichts so ungewiß und so wenig genau umrissen sei wie unsere Anschauung über den Humor.

Seit Fieldings Zeit haben unsere Erkenntnisse über dieses Phänomen kaum nennenswerte Fortschritte zu verzeichnen. Daß viele Menschen Humor für eine Art Synonym von Komik und Witz halten, hat die Verwirrung nur noch vergrößert.

Vielleicht läßt sich das Wesen des Humors leichter klären, wenn wir zuerst den Begriff *Komik* zu definieren versuchen.

Meiner Ansicht nach ist Komik alles, was uns hilft, uns von selbsterdachten Ängsten und Sorgen zu befreien. Wenn physikalische Gesetze oder die kosmische Ordnung unsere Abstraktionen oder Meinungen in Frage stellen, die Natur der Übernatur den Boden entzieht, die Wirklichkeit unserer Anmaßung, unseren unrealistischen Erwartungen oder Wunschvorstellungen völlig entgegensteht, kurz, wann immer unsere Gedankenwelt erschüttert wird, entsteht Komik.

Was bedeutet nun Humor?

Das Wort *Humor* kommt vom lateinischen *umor* und dem mittelalterlichen Wort *Humor*, die beide medizinische Bezeichnungen waren und eine biologische Veranlagung, eine Wesensart oder ein *Temperament* beschrieben. (Nach früherer Vorstellung wurden die unterschiedlichen *Launen* und Veranlagungen durch verschiedene *Körperflüssigkeiten* verursacht. *Umor* bedeutete ursprünglich nichts anderes als *Feuchtigkeit*.)

Mit Beginn des siebzehnten Jahrhunderts gewann das Wort *Humor* jedoch auch die Zusatzbedeutung von Affektiertheit oder Pose, die zur Quelle des Lachens wurde. Dies führte aber häufig zur Verwechslung von Komik und Humor.

Humor ist meiner Meinung nach im Grunde eine ganz realistische Sicht oder Anschauung der Welt um uns. Diese realistische Anschauung gewinnen wir durch den sogenannten *Sinn für Humor*. Sinn für Humor entsteht durch Gehirntätigkeit unter bestimmten neurohumoralen und hormonellen Bedingungen im Körper. Humorvolle Sicht, Anschauung und Beurteilung resultieren nämlich aus unserer Hirntätigkeit im Optimalbereich unserer Gefühlserregungen, also dann, wenn keine eingebildeten Ängste, Frustrationen, Sorgen, Unzufriedenheiten und Leiden bestehen und kein verletzliches, idealisiertes Ich sich bedroht fühlt.

Ohne selbstgeschaffene Ängste, Frustrationen, Sorgen, Unzufriedenheiten und Leiden und ohne idealisiertes Ich finden wir die aus Wunschdenken oder Phantasien geschaffene Welt rund um ein aufgeblähtes Ego erheiternd.

Wir könnten die Welt um uns nur dann realistisch sehen, wenn wir unser Soll-Ich beseitigen und unsere Ansprüche am wirklichen Ich orientieren. Denn wir dürfen nicht vergessen, daß ein Großteil unserer Unzufriedenheit und unseres Elends vor allem durch die Kluft zwischen der Anmaßung unseres aufgeblähten Ego und den Fähigkeiten unseres wahren Ich, diese Vorstellungen zu verwirklichen, erzeugt wird.

Sinn für Humor läßt sich erwerben, indem wir mit unserem Ich und seinen Anmaßungen *spielen*, indem wir unsere Affektiertheiten, Posen oder angenommenen Rollen als Scherz, unsere Überernsthaftigkeit nicht ernst nehmen und Sinn für manches Alberne und Lächerliche in uns selbst entwickeln. Menschen, die ihre Bedeutung nicht hochspielen, die begreifen, daß niemand unentbehrlich ist, besitzen Sinn für Humor im Sinne des englischen Schriftstellers SAMUEL BUTLER (1612–1680): »Sinn für Humor, scharf genug, einem Menschen seine eigenen Absurditäten und die der anderen zu zeigen.«

Wenn wir uns selbst nicht so ernst nehmen und uns über unsere Schwächen lustig machen können, entgehen wir auch der Angst, uns selbst zum Narren zu machen, lächerlich zu erscheinen. Schon der römische Philosoph SENECA (4 v. Chr. – 65 n. Chr.) meinte, daß keiner lächerlich sei, der über sich selbst lache. Die Angst, sich lächerlich zu machen, führt zu überernsten Reaktionen, die erst recht lächerlich wirken.

Indem er unsere Beobachtungsgabe von den durch Überernsthaftigkeit geschaffenen Verzerrungen und Einschränkungen befreit, ermöglicht es uns der Humor, die Menschheit in ihrer Nacktheit und daher mit Großmut zu betrachten. Der bereits zitierte THOMAS CARLYLE verstand dies auch. Er schrieb: »Das Wesen des Humors ist Empfindsamkeit, warmes, zartes Mitgefühl mit allen Formen des Daseins.«

Mit Humor begabt, müssen wir großmütig sein, denn er läßt uns erkennen, wieviel Lächerliches in menschlichem Leid und in pathetischer Verzweiflung liegt, weil sie durch Anmaßung, durch die Jagd nach einer Soll-Illusion, die durch eigensinnigen, übertriebenen Ehrgeiz entstanden ist, hervorgebracht werden.

Der Sinn für Humor verhütet nicht nur die Einschüchterung unseres rationalen und realistischen Denkens durch irrationales Wunschdenken, sondern hält auch unsere Intelligenz lebendig und wach.

Sinn für Humor stellt ebenso eine harmonischere Beziehung zwischen dem alten und dem neuen Gehirn her, die ja durch die fragwürdige und gefährdete imaginäre Welt der Vorstellungen immer mehr erschwert wird.

Sinn für Humor ist erfreulicherweise ansteckend und kann daher eine gesunde Atmosphäre der Nähe und Gemeinsamkeit schaffen, die für unsere Spezies so wichtig ist, denn wir sind für ein Leben in der Gemeinschaft geboren.

Humor schützt uns vor dem Terror von Ideologien oder Einbildungen, vor dem Druck von Dogmen oder Vorurteilen, vor Zwängen und Perfektionismus, und ermöglicht uns so, in wirklicher Freiheit zu leben, nämlich frei von Streß und Frustrationen, Ängsten, Schuldgefühlen und Spannungen – und darin besteht die Heilkraft des Humors!

Der Sinn für Humor bietet uns daher die einzige Möglichkeit, einem von eingebildeten Ängsten und Leiden beherrschten Leben zu entgehen. *Nur mit Sinn für Humor können wir uns von der deprimierenden jugendlich-unreifen Denkweise befreien und zu natürlicher Reife gelangen.*

Nun bleibt aber noch eine weitere Verwechslungsmöglichkeit zu klären, nämlich die zwischen Humor und Witz. Dank seiner Brillanz wird Witz oft für Humor gehalten. Ich möchte hier meine Ansicht über den Unterschied darlegen.

Witz entspringt einer Gemütserregung, die häufig durch Groll ausgelöst und auch durch ihn am Leben erhalten wird – einen Groll darüber, daß das Ego des witzigen Menschen beleidigt oder geschmäht wurde. Bei der Entladung seiner Gefühlserregung ist der Witzige meist ein wenig rachsüchtig oder boshaft. »Ohne ein bißchen Bosheit kann man unmöglich witzig sein«, schrieb der englische Dramatiker RICHARD SHERIDAN (1751–1816). Der Witzbold läßt keine Gelegenheit aus, seine Giftpfeile zu verschleudern. Schon der Römer QUINTILIAN (35–96) wies auf diese Neigung hin: »Potius amicum quam dictum perdere«, was bedeutet, daß ein Witzbold lieber einen Freund als eine witzige Bemerkung verliert.

Stellt der Witzige die Gefühlserregung in den Dienst der sie verursachenden Idee, dann wird das Witzeln zum Zwang.

Berauscht durch das Gift der Erregung möchte der Witzbold in seiner Verbitterung oft das Leben seiner Opfer vergiften. Er genießt es, die Adressaten seines Witzes zu quälen. Der *Gulliver*-Autor JONATHAN SWIFT (1667–1745), bekannt als Vertreter des beißenden, fast bösartigen Witzes, gestand dem englischen Dichter ALEXANDER POPE (1688–1744), daß es ihm ein Vergnügen sei, Menschen zu ärgern: »Das Hauptziel, das ich mir in all meinem Wirken setze, ist es, die Welt eher zu ärgern, als sie zu unterhalten.« In seiner Anthologie des schwarzen Humors äußert sich der französische Schriftsteller ANDRÉ BRETON (1896–1966) über ALPHONSE ALLAIS (1855–1905), den vielleicht größten boshaften Witzbold seit VOLTAIRE (1694–1778), und meint, es gelinge ALLAIS ausgezeichnet, das selbstzufriedene Individuum, das vor Banalitäten strotze und seiner sicher sei, in Schwierigkeiten zu bringen.

Während Humor Entspannung bewirkt, schafft Witz Spannung; Humor erzeugt Gemeinsinn und Verspieltheit, Witz Trennung und Abstand; während Humor zu Charme, Gutwilligkeit und Großzügigkeit hinleitet, kommt aus Witz Abwehr, Böswilligkeit und Verachtung; Humor entwaffnet, Witz versetzt in Alarmbereitschaft; während Humor Vertrautheit sucht, verführt Witz zu Indiskretion; Humor bringt Bescheidenheit mit sich, Witz Überheblichkeit; Humor fördert die Toleranz, Witz die Ungeduld und Unverschämtheit; Humor führt zu Güte; Witz verletzt oft.

CHARLES BROOKS schreibt in seinem Buch *I Was Just Thinking* über den Unterschied zwischen Witz und Humor: »Humorvolle Menschen haben einen angenehmen, nach oben gerichteten Mund ... der eines nur witzigen Menschen ist hart und scharf, solange er seinen Witz nicht losläßt.«

3

Reifes Denken

Die aus dem Atom freigesetzte Kraft habe alles verändert, nur unsere Denkweise nicht, meint der Physiker und Schöpfer der Relativitätstheorie ALBERT EINSTEIN (1879–1955).

Wir neigen dazu, unsere derzeitige Denkweise für die einzige zu halten, deren wir fähig sind. Viele stimmen mit dem französischen Ethnologen und Anthropologen CLAUDE LÉVI-STRAUSS (geboren 1908) überein, daß der gesamten Menschheit, unabhängig von Zeit und Raum, eine bipolare, oppositionelle Denkstruktur eigen sei.

Meiner Meinung nach ist diese dualistische und antagonistische Denkweise nicht für die Menschheit im allgemeinen charakteristisch, sondern nur für jene, die von jugendlich-unreifem Denken geprägt sind. Das Entweder-oder-Denken entsteht nämlich durch die selbstgeschaffenen Ängste. Jedes extreme Entweder ist die Flucht vor einem beängstigenden Oder. Während der Flucht verstärkt sich jedoch die Angst vor dem entgegengesetzten Extrem. Diese verstärkte Angst baut eine psychosomatische Erregung auf, die wir meist durch Bekämpfen oder Zerstören des anderen Extrems wieder abzubauen versuchen. Dies erinnert an das Motto CHRISTI, das viele Religionen und Ideologien übernommen haben: »Wer nicht für mich ist, ist gegen mich.«

Das Tragische daran ist, daß Menschen, die sich von der Entweder-oder-Denkweise leiten lassen, nie Frieden finden, selbst wenn es ihnen gelingt, das auszuschalten, was ihrer Meinung nach das Gegenteil verkörpert. Man beseitigt die *Feinde*, wird aber von deren Gespenstern verfolgt.

Zu den konsequentesten Vertretern der Entweder-oder-Denkweise gehört neben anderen KARL MARX. Marx behauptet, die Wirklichkeit sei eine Konfrontation von Extremen, jeder These stehe eine Antithese entgegen.

Hätte Marx den Ursprung der Energie analysiert, die diesen Thesen und Antithesen Leben verleiht, und herausgefunden, was sie so überheblich und aggressiv macht, wäre ihm klargeworden, daß sie nur in unserem Gehirn bestehen. Sowohl Thesen als auch Antithesen sind Hypothesen. Denn Hypothesen bedeuten einen unsicheren Zustand und erzeugen dadurch psychosomatische Erregung, also wiederum die Triebkraft für Thesen und Antithesen. Dialektische Spannung wird demnach vom Geist und seinen Ängsten, also im Grunde genommen von der jugendlich-unreifen Denkweise geschaffen.

Die marxistische Theorie behauptet, *Fortschritt* sei

das Resultat dialektischer Spannung oder Reibung zweier entgegengesetzter Extreme. Marx hat damit zwar recht, aber nur soweit es den *Fortschritt* im (spekulativen) menschlichen Denken betrifft. In einer durch abstrakte Spekulationen organisierten Welt war und ist der Mensch zu dauerndem Jonglieren gezwungen, gleichsam zu einem unaufhörlichen, phantastischen geistigen Feuerwerk.

Wie ich bereits hervorhob, kam es zu diesem *Fortschritt* des menschlichen Denkens auf Kosten von Intelligenz, reifer Überlegung und geistig-körperlicher Gesundheit.

Mit Sinn für Humor erkennen wir das Lächerliche beider Extreme und entdecken, daß innerhalb des dogmatischen Entweder-Oder ein weites Feld verschiedenster Existenzen liegt, eine multireale Welt. Nähmen wir die Ernsthaftigkeit des dialektischen Denkens nicht so ernst, so würden wir herausfinden, daß es zwischen diesen beiden Möglichkeiten, die sich intolerant und zueinander aggressiv verhalten, eine Kette von friedlichen, nebeneinander bestehenden Gewißheiten gibt.

Am besten ließen sich die beiden Extreme erschüttern, indem man eine dritte Dimension zwischen die dialektischen Gegensätze stellt. Das Weder-noch-Denken könnte zu einem wichtigen Instrument des dreidimensionalen Denkens werden. Vom Weder-Noch geleitet, würden wir weder die eine Seite einer Münze noch die andere sehen, sondern die Münze als Ganzes.

Humorvolles Denken könnte unser derzeitiges anmaßendes Wissen und Urteilen durch ein realistischeres Verständnis und durch Toleranz ersetzen. Eine objektive Wahrheit, die sich bei unserer derzeitigen Denkweise nicht durchsetzt, könnte durch humorvolle Darstellung beträchtliche Kraft gewinnen, die Lächerlichkeit dialektischer Extreme deutlich zu machen.

Sinn für Humor könnte uns lehren, aus der Erfahrung, aus Fehlern und Fehlschlägen zu lernen.

Jugendlich-unreif denkende Menschen fühlen sich in ihrer Selbstgerechtigkeit selten im Unrecht. Für ihre Fehler und Irrtümer finden sie immer einen Sündenbock. Kaum jemals suchen sie Schuld bei sich selbst. Wer an etwas glaubt, sieht lieber die Wirklichkeit falsch, als zuzugeben, daß an seinem Glauben etwas nicht stimmen könnte.

Um die derzeitige Denkweise humorvoller zu betrachten, sollten wir uns vielleicht an den amerikanischen Philosophen und Psychologen WILLIAM JAMES (1842–1910) erinnern. Seiner Meinung nach läßt sich dialektisches Denken als eine Schöpfung des *hanswurstischen Denkens* sehen. In der Hanswurstiade werden alle gewöhnlichen Dinge in unmöglichen Zusammenhängen dargestellt. Menschen springen einander in den Rachen, Häuser zeigen ihr Inneres außen, alte Frauen werden zu jungen Männern, alles verkehrt sich in sein Gegenteil, und das mit unglaublicher Geschwindigkeit und Geschicklichkeit.

Damit wir das Komische unserer derzeitigen Denkweise noch deutlicher sehen, weise ich auf folgendes hin: In der Natur besteht der Zweck des Denkens darin, mit seiner Hilfe einen Ausweg aus beunruhigenden oder bedrohlichen Situationen oder Notständen zu finden. Unsere derzeitige Denkweise hat jedoch einen dauernden, beängstigenden Notzustand geschaffen, eine ständige Fluchtsituation.

Unser derzeitiges Denken und Verhalten ist selbst Schöpfer unserer Welt voll Ironie.

Wie viele andere dachte auch der dänische Philosoph Søren Kierkegaard (1813–1855), daß Ironie immerwährender Bestandteil unseres Lebens sei.

Die sogenannte »Ironie des Schicksals« gehört der Glaubenswelt an, der Welt der Einbildungen, Illusionen und des Wunschdenkens. Wir sind nicht Opfer dieser Ironie, sondern wir verursachen sie selbst. Wann immer wir meinen, über den Gesetzen der Natur zu stehen, über dem wahren Schicksal, schaffen wir unfreiwillige Komik. Durch Wunschphantasien werden unsere Erwartungen ständig der Gefahr ausgesetzt, sich lächerlich zu machen.

Diese unfreiwillig komischen Situationen im menschlichen Leben sind wohl der beste Beweis dafür, daß meine Theorie, mit unserer heutigen Denk- und Anschauungsweise könne nicht alles in Ordnung sein, vielleicht doch richtig ist.

Das Problem der Ironie läßt sich nur mit Humor lösen. Durch Stärkung unserer Beobachtungsgabe werden wir unsere Selbsttäuschungen mit Hilfe des Humors verringern.

Der Sinn für Humor könnte uns auch zu Fairneß verhelfen. Verlieren wir erst einmal die Angst vor der Niederlage, haben wir auch keine Angst mehr, uns lächerlich zu machen. Im mittelalterlichen Italien hieß es im Volksmund: »Die drei mächtigsten Menschen auf der Welt sind der Papst, der Kaiser und ein guter Verlierer.«

4

Selbstüberschätzung und »Selbstverwirklichung«

Eine der schädlichen *Erfindungen* der jugendlich-unreifen Denkphase ist die Selbstüberschätzung. Aber in dieser Phase brauchen wir sie, um uns selbst zu beeindrucken, und wir müssen uns selbst beeindrucken und ermutigen, weil wir fürchten, uns in unserer Angeberei selbst komisch zu finden. Selbstüberschätzung ist eine übertriebene Einschätzung der eigenen Wichtigkeit oder Verdienste, ein Eigendünkel.

Individuelle Selbstbeweihräucherung und Selbstüberschätzung begannen sich mit der griechischen Philosophie in Europa auszubreiten. Im sechsten Jahrhundert vor Christus riet der Philosoph PYTHAGORAS, man solle sich selbst am meisten respektieren. Ein Jahrhundert später behauptete ein anderer griechischer Philosoph, der Sophist PROTAGORAS, daß der Mensch das Maß aller Dinge sei. ARISTOTELES (384–322 v. Chr.) trieb die griechische Selbstüberschätzung noch weiter, indem er meinte, die Natur hätte recht, Sklaven hervorzubringen, die für andere die schwere Arbeit verrichteten. Außerdem sei es richtig und vernünftig, daß die Griechen über die *Barbaren* herrschten, denn jene seien von Natur aus Sklaven, die Griechen dagegen freie Menschen. Der Rat des SOKRATES (470–399 v. Chr.): »Erkenne dich selbst!« findet bei den meisten Menschen Anklang, weil er ihre Egozentrik anspricht. Wenige erinnern sich vielleicht an MENANDER (341–290 v. Chr.), einen führenden griechischen Komödiendichter, der noch etwas Aufschlußreicheres sagte: »Zu sagen ›Erkenne dich selbst!‹, ist dumm. Es wäre praktischer zu sagen: ›Erkenne die anderen!‹« Auch der französische Schriftsteller ANDRÉ GIDE (1869–1951) hält die Aufforderung »Erkenne dich selbst!« für fragwürdig und meint, sie sei eine gefährliche und unschöne Maxime. Denn wer sich immerzu selbst beobachte, hemme seine eigene Entwicklung. Eine Raupe, die sich selbst gut kennen wollte, könnte sich nie in einen Schmetterling verwandeln.

Vielleicht steckt die menschliche Spezies noch in einem ähnlichen Stadium wie die Raupe und ist deshalb noch nicht reif geworden.

Übertriebene Selbsteinschätzung ist eine der Hauptursachen der Aggression, denn ihrer Definition nach ist sie ja »eine übertriebene Einschätzung der eigenen Wichtigkeit und Verdienste«. Das Ziel jeder *übertriebenen Einschätzung* ist es aber, sich zu verwirklichen, was sich jedoch nur auf Kosten eines anderen, also durch Aggression, erreichen läßt.

Übertriebene Selbsteinschätzung ist auch die Ursache für den Hang des Menschen zur Dramatisierung. In unserer Sehnsucht danach, *dramatis personae* zu werden, schaffen wir Dramen und Tragödien. Denn Tragödien hätten etwas Großartiges an sich, meinte ARISTOTELES.

Bei dem Bestreben, das Leben unserer übertriebenen Selbsteinschätzung besser anzupassen, sorgen wir oft für unnötige Komplikationen, wohl nach dem Motto eines deutschen Humoristen: »Warum einfach, wenn's auch kompliziert geht!«

Viele Menschen erschweren sich ihr Leben nur, um sich beklagen zu können, denn das Beklagen gibt ihnen eine Illusion von Wichtigkeit. »Warum bemühen wir uns dauernd, unsere Nöte zu verdoppeln, wenn wir doch ständig über sie klagen?« fragte VOLTAIRE in einem seiner Stücke.

Die übertriebene Selbsteinschätzung ist ein Feind von Kommunikation und zwischenmenschlichen Beziehungen und führt dadurch eine unglückliche Situation herbei. Denn übertriebene Selbsteinschätzung sehnt sich zwar nach beidem, kann beides aber nicht erreichen, weil diese Sehnsucht wiederum nur auf Anerkennung und Lob gerichtet ist.

Übertriebene Selbsteinschätzung bringt auch Langeweile mit sich. Als der englische Dichter LORD BYRON (1788–1824) in seinem *Don Juan* meinte, die Gesellschaft setze sich aus zwei mächtigen Stämmen zusammen, den Langweilern und den Gelangweilten, drückte er sich wohl ungenau aus. Denn die Langweiler und die Gelangweilten gehören meiner Ansicht nach demselben Stamm an. Weil sie nur auf sich selbst konzentriert und daher gefühllos sind, werden die Gelangweilten gleichzeitig zu Langweilern.

Der Mensch glaubt, der Natur überlegen, »Herr des Planeten Erde« zu sein, wie der französische Forscher JACQUES COUSTEAU vor dem Beginn seines Feldzuges gegen die Verseuchung der Meere einmal erklärte.

Eine Frage finde ich aber bis heute unbeantwortet: Wenn der Mensch sich so überlegen fühlt, warum ist er dann nicht lebensfroher und glücklicher? Warum verbringt er sein ganzes Leben damit, vor der Realität der Natur in Illusionen und Phantasien zu flüchten?

Das gesamte Phänomen übertriebener Selbsteinschätzung führt zu einer gewissen Paradoxie, die sich in diesem Zusammenhang geradezu aufdrängt. Wie bereits angedeutet, ist übertriebene Selbsteinschätzung eng mit einem Gefühl der Wichtigkeit verbunden. Der Mensch schafft und kultiviert diese allgemeine Wichtigkeit, um sich darin integrieren zu können, sich also zu ihr gehörig zu fühlen und so die eigene Wichtigkeit zu erhöhen. Mag dies nun im Personenkult um *berühmte Persönlichkeiten* Ausdruck finden oder im Errichten imposanter Bauwerke oder auch in künstlich geschaffenen *festlichen Anlässen*. Viele Menschen gehen wohl nur deshalb in erfolgreiche Theaterstücke, um sich mit dem Erfolg identifizieren zu können. Viele besuchen die Oper oder das Ballett nur, um gesehen zu werden, um sich wichtig zu fühlen.

Da es dem Menschen eignet, sich immer mit dem Objekt seiner Bewunderung gleichzusetzen, liegt es nahe, noch einen Schritt weiterzugehen und anzunehmen, daß Menschheit und Menschen schon deshalb verherrlicht werden müssen, um die eigene übertriebene Selbsteinschätzung aufzuwerten.

Viele Bücher weisen auf die Errungenschaften unserer Spezies hin, aber wenige erwähnen die Fehlschläge.

Die Einbildung, besonders wichtig zu sein, führt bei jugendlich-unreif denkenden Menschen zu Unmäßigkeit und extremen Übertreibungen, die doch aller natürlichen Ordnung, Harmonie und nicht zuletzt dem guten Geschmack völlig entgegenstehen. Übertreibung zerstört das Überragende.

In seinen *Selbstbetrachtungen* hob der römische Kaiser MARK AUREL (161–80 v. Chr.) bereits hervor, daß man sehr wenig braucht, um glücklich zu leben. Könnte sich diese Einsicht durchsetzen, würden viele Menschen sich und anderen das Leben erleichtern. Die meisten scheinen jedoch nicht nach einem glücklichen, sondern nach einem *wichtigen* Leben zu streben. Ein wenig Humor würde die damit verbundenen Anstrengungen in einem anderen Licht darstellen und so viele Anspannungen lösen, die sich durch Übertreibung und Überschätzung ergeben.

Dasselbe trifft ja auf die heute so beliebte *Selbstverwirklichung* zu, um die sich offenbar jeder, der ernst genommen werden will, zu bemühen hat. Selbstverwirklichung ist zu einer etablierten ethischen Doktrin geworden, derzufolge menschliche Individuen frei sein sollten, sich selbst zu erfüllen oder zu bestätigen. Der Mensch fragt sich jedoch nie, ob sein *Selbst* dazu reif oder berechtigt ist, in diesem Sinne »Wirklichkeit« zu werden. Strenggenommen ist Kriminalität dann letzten Endes auch nur Selbstverwirklichung.

Ich möchte hier meine eingangs ausführlich dargelegte Auffassung wiederholen, daß das menschliche Selbst nichts als eine künstlich geschaffene Idee ist, eine abstrakte, wunschorientierte Spekulation. Demzufolge kann Selbstverwirklichung nur eine Bedeutung besitzen: die Realität zu zwingen, sich einer Idealisierung anzupassen. Es entsteht also die Notwendigkeit, etwas durchzusetzen. Das gelingt wiederum nur durch Verzicht auf Rücksichtnahme und Gegenseitigkeit und durch die Anwendung eines gewissen *Drucks*, also durch Aggression, Gewalt, Macht und dergleichen.

Die Psychiatrie erklärt, daß der *arme Mensch*, der sich nicht selbst erfüllen kann, frustriert, verunsichert oder deprimiert werden könnte. Doch eine wichtige Tatsache bedenkt sie dabei nicht: Wenn der *arme Mensch* seine Selbsterfüllung findet, sind vielleicht seine Familie, Nachbarn und Umwelt frustriert, verunsichert oder deprimiert. Selten fragt die Psychiatrie danach, ob Unglücklichsein, Frustration und Depression des Menschen vielleicht durch übertriebene Selbsteinschätzung und übertriebenen und eigennützigen Ehrgeiz verursacht werden. Wäre ihr dieser Zusammenhang deutlich, könnte sie Menschen, die sich an sie wenden, darauf hinweisen, daß jede Selbsterfüllung, die der Überehrgeizige erzielt, noch mehr Frustration und Elend schafft, da diese Selbsterfüllung ihn in eine noch unsicherere Lage bringt. Sie könnte auch sichtbar machen, daß jede Selbsterfüllung des Überehrgeizigen sich nur auf Kosten seiner Umwelt erreichen läßt, was ihn aus dieser Umwelt in die Einsamkeit hinaustreibt.

Man stelle sich nur eine Gesellschaft vor, in der jeder einzelne sein ideales Selbst nach eigenen Vorstellungen verwirklichen kann. Wie sähe wohl das Ergebnis aus? – Ein Gedanke, der wegen seiner Unmöglichkeit eigentlich nur zum Lachen verführen mag.

5

Aggression

Humorvolle Überlegungen könnten uns erkennen lassen, wie tragikomisch unsere zerstörerische Angriffswut ist.

Zur Herkunft der Angriffslust des Menschen gibt es im wesentlichen zwei Erklärungsversuche. Die Anhänger der Instinkttheorie sehen die Aggressivität als stammesgeschichtlich programmiert an. Für diese Denkrichtung ist das Leben ein Dschungel, in dem der Tüchtigste – was immer das heißen mag – eine bessere Chance hat, zu überleben und seine aggressiven Gene an die nachfolgenden Generationen weiterzugeben. Für Vertreter der zweiten Richtung, die Behavioristen, wird die menschliche Aggression hauptsächlich durch die soziale und kulturelle Umwelt verursacht.

Es besteht auch eine Tendenz, diese beiden Extreme miteinander zu verbinden. Demnach wäre unsere Aggressivität das Resultat eines Zusammenwirkens von Umwelt und vererbten Genen.

Mir erscheinen diese Theorien eher unbefriedigend und mehr dazu angetan, das selbstsüchtige und ichbezogene Verhalten des Individuums zu entschuldigen – die Vertreter der Instinkttheorie geben der Natur die Schuld, die Behavioristen der Umwelt.

Einige Anhänger der Instinkttheorie behaupten, daß unsere Aggressivität auch sehr vorteilhaft sei. So meint KONRAD LORENZ, Aggression stelle nicht das diabolische Zerstörungprinzip dar, das sie laut klassischer Psychoanalyse ist, sondern einen wichtigen Teil des Lebens, der die Organisation aller Instinkte aufrechterhält.

Bei dem Geschichtsphilosophen OSWALD SPENGLER (1880–1936) lesen wir, daß Raubtiere die höchste Form des aktiven Lebens darstellten, und daß die Spezies Mensch deshalb sehr hoch stehe, weil sie zur Klasse der Raubtiere zähle. Das Leben des Menschen sei das eines tapferen, grandiosen, grausamen und schlauen Raubtiers. Der Mensch lebe durch Fang, Töten und Verbrauch.

Bei dem englischen Philosophen BERTRAND RUSSELL (1872–1970), dem großen Pazifisten und Nobelpreisträger, heißt es, daß die alten Instinkte von unseren Stammesvätern auf uns gekommen seien und wir alle möglichen aggressiven Impulse von vielen Generationen unserer in der Wildnis lebenden Vorfahren geerbt hätten.

Gegen die Ansicht, daß der Mensch ein geborener *Jäger und Mörder* war und ist, möchte ich einwenden, daß die Natur einer Spezies mit dem Verdauungssystem von Vegetariern, wie es auch die anderen Primaten besitzen, nie Raubtierinstinkte gegeben hätte. Wäre der Mensch ein *Raubtier*, hätte er wohl nie mit dem Ackerbau, mit der Domestizierung von Tieren und mit der Milchwirtschaft begonnen.

Vielleicht läßt sich die Thematik besser ausleuchten, wenn wir den Ursprung und die Wesensart der Energie untersuchen, die für die menschliche Aggressivität benötigt wird.

Wie ich bereits erläuterte, sind Gehirn und Nervensystem von Tier und Mensch so programmiert, daß sich in Notsituationen die Körperenergie verstärkt – also wenn sie um ihr Leben oder das ihrer Kinder kämpfen oder wenn sie Bedürfnisse befriedigen müssen, die ihnen durch biologisches Unbehagen, wie Hunger, Durst oder den Geschlechtstrieb, eingegeben werden. In der Natur bedeutet Aggression entweder Verteidigung gegen eine objektive Bedrohung oder Reaktion auf Ängste, die durch physiologisches Ungleichgewicht oder Unbehagen verursacht werden. In beiden Fällen wird die zusätzliche Energie dadurch hervorgebracht, daß echte Ängste biologische Erregungen hervorrufen.

Beim Menschen gibt es jedoch die selbstgeschaffene, offensive Aggression.

Offensive Aggressivität entsteht vor allem durch die Angst unseres aufgeblähten Ego vor Niederlagen.

Jede tatsächliche oder eingebildete Bedrohung unseres Ego oder des Weiterbestands unserer Phantasiewelt schafft ebenso wie eine realistische Gefahr für körperliches Überleben einen Notzustand. Offensive Aggressivität wird durch die Erregung, die dieser Notzustand erzeugt, mit Energie versorgt, mit Energie für Zerstörung.

Warum ist offensive Aggression zerstörerisch?

Die Hauptbedrohung des jugendlich-unreif denkenden Menschen und seiner Phantasiewelt liegt in der Natur, der objektiven Realität. Es gibt nur eine Möglichkeit, unsere Welt des Denkens gegen die Natur zu schützen, und zwar indem wir diese nach unserem Wunsch verändern. Wer die Natur aber so verändert, daß sie Wunschabstraktionen unseres Denkens entspricht, zerstört sie.

Weder die Anhänger der Instinkttheorie noch die Behavioristen berücksichtigen, wie starr und aggressiv affektives Denken ist. Unsere Einbildungen, Vorurteile und Meinungen sind viel stärker als ererbte Gene oder die Umgebung. Daher ist unsere physische Selbsterhaltung zweitrangig gegenüber der Erhaltung unseres aufgeblähten Ego.

Manche führen offensive Aggression, Gewalt und Verbrechen des Menschen auf das *Tierische* in uns zurück. Diese *Brutalität* unseres Wesens läge in unserem Unbewußten, und das Unterbewußtsein versorge uns auch mit der zügellosen Energie, die wir zur Durchführung dieser Brutalitäten benötigen. Wir haben noch Glück, meinen die Vertreter dieser Ansicht, daß unser Bewußtsein imstande ist, dieses *dämonische* Potential unseres Unbewußten zurückzuhalten, wie es KIERKEGAARD formulierte, oder, um FRIEDRICH NIETZSCHES (1844–1900) Vision unseres Unbewußten zu gebrauchen, über *im Keller heulende wilde Hunde* die Kontrolle zu haben.

Die Energie für unser sogenanntes animalisches Verhalten wird nicht durch irgendeine mysteriöse Quelle in unserem dunklen Unbewußten gespeist, sondern von den selbstgeschaffenen Gefühlserregungen. Weder das Unbewußte noch die Instinkte können in der offensiven und destruktiven Aggression des Menschen eine Rolle spielen, denn die meisten Verbrechen und Grausamkeiten geschehen ja nach wohlüberlegtem Plan.

Die selbstgeschaffenen Phantasien, Vorurteile, Meinungen oder Berechnungen nehmen in der vorsätzlichen Überlegung einen wichtigen Platz ein.

Folgende Tatsachen könnten vielleicht beweisen helfen, daß die Ursache unserer zerstörerischen Aggressivität in unserem gefühlsbetonten Denken liegt.

Wird der Stirnlappen des Gehirns, in dem das Wunschdenken stattzufinden scheint, chirurgisch entfernt, so reduziert dies die offensive Aggressivität.

Offensive Aggressivität läßt sich manipulieren, indem man das Gehirn durch Propaganda oder Gehirnwäsche beeinflußt.

Um Aggressivität bei ihren Mitläufern zu erwecken, malen politische und militärische Führer die Gegner als Monster, Kriminelle oder gefährliche Kriegstreiber. Konflikte werden durch die aus Angst vor einer Niederlage erzeugte Energie fortgesetzt, und die Angst vor einer Besiegung durch *Monster* verstärkt Erregung und Aggression noch mehr.

Hysterisches Massendelirium durch Manipulation des affektiven Denkens kann zu grausamer Zerstörung und Barbarei führen.

Aberglaube, Ideologien und Religionen sind Hauptquellen offensiver Aggression, wie die Geschichte immer wieder zeigt. Wenn das Denken von einem Glauben oder einer Idee *besessen* ist, entsteht daraus ein Fanatismus, der oft zu Zerstörung führt. Zu allen Zeiten wurden Menschen durch Menschen im Namen des Glaubens oder eines Vorurteils gequält.

Eifersucht, Neid, Eitelkeit, Bösartigkeit, Verachtung und Bosheit sind Quellen offensiver Aggression, gleichzeitig aber eben selbsterdachte Zustände oder Empfindungen.

Keine Liebe ohne Aggression, behauptet LORENZ. Das stimmt schon, aber nur für Menschen jugendlich-unreifer Denkungsart. Denn ihre Liebe ist Eigenliebe, und diese ist aggressiv.

Der Mensch sieht moralische Beleidigung als guten Grund für eine heftige Reaktion an. Aber Beleidigungen lassen sich ja erst durch übertriebene Selbsteinschätzung als solche empfinden. Wie ich an anderer Stelle bereits erwäht habe, halte ich die übertriebene Selbsteinschätzung für eine der Hauptursachen der Aggression.

Manche Menschen behaupten, daß die Wurzeln offensiver Aggression meist in der Frustration liegen. Frustration ist jedoch nichts anderes als eine durch die Realität beleidigte Selbstüberschätzung. So sind wir zum Beispiel in einem Bus oder Zug voll mit unserer Meinung nach häßlichen und gewöhnlichen Menschen oder von der Arbeit in überfüllten Büros oder Fabriken frustriert. Von viel größeren Menschenansammlungen bei einem Staatsempfang oder in einem vornehmen Nachtklub zum Beispiel sind wir nicht frustriert. Der

Mensch wird selten frustriert sein durch die Menge, in der er sich wichtig fühlt, die ihm applaudiert, die ihn auf den Schultern trägt oder ihn um ein Autogramm bittet.

Übertriebenes Selbstvertrauen ist eine weitere starke Quelle destruktiver Aggression. Ihre Energie stammt aus der Kluft zwischen Selbstüberhebung und einem Gefühl der eigenen Unzulänglichkeit.

Was hilft also gegen diese destruktive Aggression?

Da Aggression wohl vor allem ein Ergebnis unseres affektiven Denkens ist, das sich selbst Ängste und damit Gefühlserregung schafft, besteht ein erster Schritt darin, unser Wunschdenken als Phantasiegebilde zu erkennen und durch reifes, realistisches Denken zu ersetzen.

Zu den Hauptursachen der Aggression zählen auch, wie ich schon sagte, Selbstüberschätzung und Selbstsucht, die ja eng mit dem Wunschdenken verbunden sind. Wenn wir versuchen, unsere eigene *Wichtigkeit* mit ein wenig Abstand, also mit Humor zu betrachten, empfinden wir den Drang, uns ungeachtet unserer Mitmenschen in den Vordergrund zu rücken, als unnötig. Ein Großteil der Spannung, die durch das Gefühl des Durchsetzenmüssens entsteht, fällt von uns ab. Eine weniger aggressive Haltung wirkt außerdem angenehmer auf die Umgebung und ermutigt den anderen eher zu Kontakt.

Im Alltag ergeben sich oft Situationen, in denen mancher Mensch sich nur in heftiger, aggressiver Weise mitzuteilen weiß, durch die der andere sich *angegriffen*

fühlt. Hier ist Humor die beste Lösung, denn er entspannt körperlich, schwächt daher den Ärger ab und
nimmt der Stimme die Schärfe. Humor verändert auch
die Körpersprache und läßt die Haltung weniger drohend erscheinen. Jemanden mit Humor, zum Beispiel
mit einer ungewohnten und positiv gemeinten Kombi-
nation (etwa die Nachricht an ein Familienmitglied an
dessen Waschlappen zu heften und dergleichen), zum
Lächeln oder Lachen zu bringen, ist die erfolgreichste
Methode, ihn für die eigene Botschaft zu öffnen.

Mit ein wenig Übung in humorvollem Denken und
Handeln werden wir erkennen, wie kraftraubend und
unnötig Aggression eigentlich ist.

6

Einsamkeit

Eine weitere Folgeerscheinung der gegenwärtigen Gesellschaftsordnung möchte ich hier vorstellen: die Einsamkeit.

Sie beginnt bereits beim Jugendlichen und wird durch jugendlich-unreife Mentalität noch bis in höhere Jahre mitgenommen. Kinder und reife Menschen sind selten einsam, denn Kinder haben ihr Spiel, die anderen ihr fruchtbares Leben und ihre Großzügigkeit.

Gerade in der westlichen Kultur hatte und hat die Förderung individueller Unabhängigkeit eine Isolierung zur Folge, die in vielen Menschen Ängste und Sorgen entstehen läßt. Diese Ängste und Sorgen führen schließlich zu Gefühlen der Einsamkeit. Die Unabhängigkeit und Selbständigkeit von Einzelwesen steht der Gemeinschaft und Gemeinsamkeit entgegen und macht den einzelnen unglücklich. Die Menschen fühlen sich in ihrer Unabhängigkeit und Selbständigkeit einsam und verängstigt, weil es der Natur unserer

Spezies widerspricht, unabhängig zu sein. Wir sind eine Art, in der Überleben und Glück des einzelnen von der Gemeinschaft abhängen. In unserer Spezies dauern Kindheit und Alter am längsten, dadurch sind wir mehr auf die Gemeinschaft angewiesen als jede andere Art.

Viele Menschen betrachten individuelle Unabhängigkeit als höchstes Ziel, aber je näher sie ihrem Ziel kommen, um so einsamer fühlen sie sich und um so mehr sehnen sie sich nach Zugehörigkeit.

Der Philosoph JEAN-JACQUES ROUSSEAU (1712–1778) verführte Millionen durch seine Behauptung, daß der Mensch im Naturzustand frei gewesen sei. Doch in seiner romantischen Denkweise erkannte ROUSSEAU nicht, daß der Mensch nirgends weniger frei ist als im Naturzustand. Im Naturzustand untersteht er den Gesetzen der Natur. Freiheit des Individuums heißt eigentlich Freiheit von der Natur, von der Wirklichkeit, und vor allem Freiheit von Verantwortung gegenüber der Gemeinschaft. ROUSSEAU überließ ja auch seine Kinder der Fürsorge anderer.

Wir haben die individuelle Freiheit erfunden, um uns über die Natur zu erheben, aber die Welt über der Natur und der Wirklichkeit ist eine Welt der Isolation und Einsamkeit, eine Welt der Ängste.

Individuelle Freiheit bedeutet Freiheit der Wahl, ein amüsantes Phänomen, das der Mensch selbst schuf. Sie ist also eine unnatürliche Aktivität und bedarf als solche einer zusätzlichen Bioenergie, um überhaupt Tatsache zu werden. Analysieren wir die Herkunft der für die Freiheit der Wahl nötigen Bioenergie und der Bioenergie, die wir brauchen, um das Gewählte dann auch aufrechtzuerhalten, so entdecken wir vielleicht, daß die Freiheit der Wahl eigentlich eine Illusion ist und einer engsichtigen Denkweise entspringt.

Ich habe bereits darauf hingewiesen, daß zusätzliche Bioenergie durch zusätzliche Ängste erzeugt werden kann. Welche Ängste schufen nun die für Freiheit der Wahl oder Erhaltung des Gewählten nötige Bioenergie?

Die Bioenergie, die man braucht, um eine Sache anstatt deren Gegenteil zu wählen, entsteht durch die Angst vor dem Gegenteil. Ehe eine tatsächliche Wahl zwischen zwei entgegengesetzten Positionen stattfindet, muß ein Wunschgedanke vorhanden sein. Der Wunschgedanke beschwört die Vorstellung des Gegenteils herauf, was Angst verursacht, aus der dann die zur Verwirklichung des Wunschgedankens nötige Bioenergie hervorgeht. Jede Verwirklichung eines Wunschgedankens oder Glaubens, die wir *freie Wahl* nennen, zielt im Grunde auf die Auslöschung des Gegenstücks ab. Aber das ist eigentlich vergebliche Mühe, denn ehe ein Wunschgedanke oder Glaube nicht Realität ist, können die entsprechenden bedrohlichen Gegenstücke auch nicht getilgt werden.

Die Freiheit der Wahl ist reifen Menschen unbekannt. Wie in der von Naturgesetzen regierten Natur gibt es beim reifen Denken, das vernünftiger Logik untersteht, keine Freiheit der Wahl. Denn Wahrheit ist nicht frei.

Unreifes Denken fühlt sich frei, weil seine Wurzeln in den gedanklichen Phantasien schweben. Reifes Denken ist nicht frei, weil seine Wurzeln fest im Boden verankert sind.

Der Vergleich mit dem politischen Begriff der soge-

nannten *freien Wahl* liegt nahe. Hinter dieser sogenannten freien Wahl stehen ja ebenfalls die selbstgeschaffenen Ängste. Wir haben zwar den Eindruck, in
einer freien Wahl frei zu wählen, erkennen aber selten,
daß die Energie und die Entschlußkraft, für eine bestimmte politische Partei zu votieren, durch die Angst
vor dem Erfolg der Gegenpartei gespeist werden.

Selbst die unbedeutendste Wahl im Alltag ist eine
von Angst getragene Entscheidung.

Häufig vernimmt man die Ansicht, daß man Einsamen helfen sollte, Selbstvertrauen zu gewinnen. Selbstvertrauen bringt jedoch noch mehr Isolation und Einsamkeit mit sich. Denn Selbstvertrauen ist ja kein
echtes Vertrauen in uns selbst, sondern nur Vertrauen
in unser von Selbstüberschätzung getragenes Ego. Hilfe
zu Selbstvertrauen würde also eigentlich Hilfe zu
Selbstüberschätzung bedeuten. Selbstüberschätzung
würde diese Menschen aber nur noch mehr von der
Realität entfernen und tiefer ins Exil und damit in noch
größere Einsamkeit treiben.

Gewisse Organisationen versuchen in letzter Zeit,
Einsamen die Kunst nahezubringen, selbstbewußt, also
positiv, bejahend und bestimmend zu sein. Der Ver-
such, einsame, von sich eingenommene Menschen dies
zu lehren, wird sie nur noch einsamer machen, da ihnen
alle ausweichen werden.

Kultur, Hautfarbe, Klassenzugehörigkeit und Ras-
senunterschiede werden für Vereinsamung verantwortlich gemacht, aber sie stellen doch nur für jene eine
Barriere dar, die sich anderen über- oder unterlegen
dünken und sich selbst einsam machen.

Auch erhöhte Empfindsamkeit gegenüber der Außenwelt kann Einsamkeit schaffen, meistens schmerzen uns dabei jedoch die unerfüllten Erwartungen unseres Ego. Ein eingebildetes Ego wird sich von jeder Kleinigkeit beleidigt oder gedemütigt fühlen.

Manche Menschen erklären ihre Einsamkeit mit ihrer Wertlosigkeit. Diese Märtyrer, die im Grunde sehr von ihrer eigenen Bedeutung besessen sind, halten sich oft deshalb für unwürdig oder wertlos, weil sie aufgrund ihrer Selbstüberschätzung nur wenig finden, das zu tun ihrer wert wäre.

Einsamkeit bringt freie Zeit mit sich, in der man einsam ist und in Selbstmitleid schwelgt. Würde man einen Teil dieser Freizeit zugunsten anderer verwenden, so bliebe weniger Zeit für Einsamkeit und Selbstmitleid. Jeder kann irgend jemandem helfen.

Freizeit kann aber umgekehrt auch Einsamkeit zur Folge haben. Jugendliche sehnen sich nach Muße, die dem arroganten Ego schmeichelt, wofür allerdings auch oft bezahlt werden muß. Muße verstärkt beim Jugendlichen das Gefühl, wichtig zu sein. Diese Wichtigkeit erhöht seine Ansprüche und damit seine Ruhelosigkeit und Eile. Eile ist für unreife Menschen ein Zeichen ihrer Wichtigkeit. Sie erkennen nicht, daß Eile sie noch mehr isoliert. Es ist ein einsames Tun, das noch mehr Einsamkeit erzeugt. Eilen bedeutet Stoßen und Schubsen, was bei den anderen Widerstand und Abscheu auslöst.

Der Zusammenhang zwischen Muße, Ruhelosigkeit und Einsamkeit wird bei Playboys deutlich. Sie sind meistens jung und gesund, sehen oft gut aus, haben viel

Geld und viel Freizeit, und doch sind sie häufig die einsamsten und unglücklichsten Menschen.

Manche geben ihren Eltern oder der Gesellschaft die Schuld an ihrer Einsamkeit. In ihrer Selbstsucht und Ichbezogenheit meinen diese verwöhnten Menschen, Anspruch auf Rechte gegenüber Eltern und Gesellschaft zu besitzen, jedoch ohne jede Verpflichtung für sie selbst.

Viele Menschen führen Einsamkeit auf mangelnde Kommunikationsmöglichkeit zurück. Uns allen (vielleicht mit Ausnahme mancher körperlich Behinderter) ist von Natur aus die Fähigkeit gegeben, uns mitzuteilen. Viele einsame Menschen sind nicht deshalb einsam, weil sie sich nicht mitteilen können, sondern wegen ihrer verzweifelten Suche nach einer Mitteilungsform, die ihr aufgeblähtes Ego befriedigt. Es gelingt ihnen nur selten, die ihrer würdig scheinende Art der Kommunikation zu finden.

Häufig wird auch die Scheu als Ursache für Einsamkeit angegeben. Was aber macht einen Menschen scheu?

Im Erkennen einer Kluft zwischen dem aufgeblähten Ego und dem wahren Ich besteht einer der Hauptgründe für die Scheu. Sie ist die Angst, sich in der Gesellschaft ungeschickt zu benehmen. Dies käme einer Niederlage des Ego gleich. Scheu ist also die Angst, von der Wirklichkeit eingeholt und dadurch der Lächerlichkeit preisgegeben zu werden, und diese angebliche Scheu läßt den Betreffenden dann Verpflichtungen und Verbindungen fürchten.

Scheu ist demnach eine Art Schutzschild für diejenigen, die sich nicht mit dem abfinden können, was sie wirklich sind.

Für kurze Zeit kann Scheu sogar eine angenehme Empfindung darstellen, denn sie hilft ja, vor der Realität zu flüchten. Flucht, die immer auf Angst beruht, kann das Gehirn zur Ausschüttung von Opiaten veranlassen, die vorübergehend ein angenehmes Gefühl vermitteln. Wie alle Annehmlichkeiten kann Scheu zur Sucht werden und die Lebensfreude töten.

Da wir vor der Einsamkeit Angst haben, stehen wir dem Problem mit einer gewissen Gefühlserregung gegenüber, also mit eingeschränkter Vernunft, so daß wir es weder lösen noch aus der Welt schaffen können.

Da Einsamkeit vor allem durch Ichbezogenheit und Selbstsucht entsteht, diese aber wiederum daraus hervorgehen, daß man sich selbst zu ernst nimmt, trägt der vereinsamte Mensch gewissermaßen selbst die Schuld an seiner Einsamkeit.

Übertriebene Vereinsamung kann zu ernsthafter Geisteskrankheit führen, etwa dem Verfolgungswahn. Der größte Verfechter individueller Freiheit und Unabhängigkeit, JEAN-JACQUES ROUSSEAU, beendete sein Leben in geistiger Verwirrung. Er bildete sich Verschwörungen ein und wiederholte dauernd: »Alle hassen mich.«

Aus alledem ergibt sich bereits, daß das beste Mittel, der Einsamkeit zu entgehen, darin besteht, sich selbst weniger ernst zu nehmen, manchmal auch über sich selbst lachen zu können. Dies erleichtert es, sich dem anderen zu öffnen, ihm mit Wohlwollen und Großzügigkeit entgegenzukommen. Eine solche gewandelte

Einstellung trägt zu Kommunikationsbereitschaft bei
und schafft eine wohltuende Atmosphäre, die den Weg
in die Gemeinschaft bereitet. Jeder kann sich in die
Gemeinschaft einfügen, einfach indem er lernt, wie er
sich ihr angenehm macht. Menschen, die lernen, über
sich selbst zu lachen, gewinnen an Charme.

Sinn für Humor könnte vor allem auch einsamen
älteren Menschen – sie verfallen der Einsamkeit ja am
ehesten – zu einer der belebendsten und verbindend-
sten Lebensäußerungen verhelfen: dem Lächeln. Mi-
mik ist ansteckend, sie erzeugt in dem, der sie beobach-
tet, die dahinterliegende Stimmung. Ein düsteres Gesicht verbreitet ein gewisses Unbehagen, oft ein unge-
sundes Schuldgefühl.

Alte Menschen, die auf Hilfe angewiesen sind, können zur Gemeinsamkeit beitragen, indem sie ihre
Dankbarkeit und Freude über die Hilfe der Gesellschaft
lächelnd zeigen. Ein durch Dankbarkeit oder Freude
hervorgerufenes Lächeln ist Ausdruck eines Zustands
der Unschuld und veranlaßt die anderen zu Großzügigkeit.

Eine weitere Möglichkeit, wieder aus der Einsamkeit
herauszufinden, ist das Spiel. Ich würde Humorkurse
vorschlagen, in denen neben anderem verschiedensten
Altersstufen wieder gelehrt wird, wie man spielt. Ein
englischer Ausspruch meint: »Es gibt Spielzeug für
jedes Alter.« Indem sie spielen lernten, würden Menschen zusammenfinden und weniger einsam sein.

Ein solches Zusammenfinden bedarf aber nicht unbedingt organisierter Humorkurse – sie würden es nur
erleichtern –, sondern ist mit ein wenig Initiative auch

in der eigenen Umgebung zu verwirklichen. Es würde
überdies zu der Erkenntnis führen, daß der einzelne das
Problem der Einsamkeit oder des Unbehagens nur
durch die Gemeinschaft lösen kann. Die Gemeinschaft
aber kann nur durch Teilnahme des einzelnen an ihr
aufgebaut werden, und es gibt keine Teilnahme ohne
persönlichen Beitrag.

Vielleicht erkennt der einzelne dann auch die Frucht-
barkeit reifen Denkens, die entweder bedeuten kann,
daß man mehr zur Gemeinschaft beiträgt, als man von
ihr nimmt, oder dankbar mehr erhält, als man beigetra-
gen hat. Jugendlich-unreif denkende Menschen sind nie
dankbar und kennen keine Anerkennung. Der Preis
dafür ist ihre Einsamkeit.

7

Zwischenmenschliche Beziehungen

Vielfach wird behauptet, daß sich bei zwischenmenschlichen Beziehungen und in der Kommunikation heute ernsthafte Probleme zeigen. Dazu darf ich nur anmerken, daß es solche Probleme schon immer, das heißt seit der *Revolution der Jugendlichen*, gab.

Millionen Jahre hindurch hatten wir als gemeinschaftsorientierte Art gelebt. Diese Gemeinschaften aus voneinander abhängigen Mitgliedern bildeten sich um Mütter oder ältere Frauen. Es liegt in der Natur von Kindern und neotenen männlichen Wesen, Schutz und Führung bei Muttergestalten zu suchen.

Wie bereits erklärt, wurden jene männlichen Jugendlichen, die unfähig oder nicht gewillt waren, sich an die natürliche Gemeinschaftsordnung zu halten, von der Gemeinschaft nicht beachtet oder ausgeschlossen. Diese einsamen Junggesellen bildeten dann Banden, Vereinigungen von Individuen, die sich in der gleichen Lage befanden und gemeinsam agierten.

Im Lauf der Jugendrevolution ersetzte das von diesen Jugendlichen gebildete Kollektiv die natürliche Gemeinschaft, die unter der Führung reifer Frauen stand, durch eine männlich beherrschte Gesellschaft, eine künstlich geschaffene Organisation.

Hauptziel dieser Gesellschaft war es nun, die Banden erfolgreicher Jugendlicher vor Revolutionen oder der Rebellion anderer jugendlicher Individuen oder Banden zu schützen. Mit Hilfe ihrer Kultur versuchte die Gesellschaft, den menschlichen Gemeinschaftsinstinkt durch soziales Bewußtsein zu ersetzen. Da jugendlichunreif denkende Menschen die Wirklichkeit aber nur selektiv erfassen, gelang es der Kultur nicht, den Gemeinschaftsinstinkt zu ersetzen, sondern sie verwirrte oder hemmte ihn nur.

So veränderte der Ersatz der Gemeinschaft durch eine Gesellschaft die zwischenmenschlichen Beziehungen.

Gemeinschaft steht über ihren einzelnen Mitgliedern, da sie deren Wechselbeziehung und wechselseitige Abhängigkeit verkörpert. Eine Gesellschaft ist dagegen eine Verbindung von unabhängigen und gleichwertigen Mitgliedern, die ihnen helfen soll, ihre Unabhängigkeit und Gleichwertigkeit zu erhalten.

Ein wichtiger Unterschied zwischen Gemeinschaft und Gesellschaft besteht darin, daß es in der Gemeinschaft keine sozialen Spannungen gibt. Dies deshalb, weil die individuellen Unterschiede ihrer Mitglieder als natürlicher Teil des Lebens und als nützlicher Beitrag zur Gemeinschaft akzeptiert werden. Die Unterschiede führen zur wechselseitigen Abhängigkeit der einzelnen, auf der die Gemeinschaft aufgebaut ist.

In einer Gesellschaft, die alle als gleichwertig ansieht, treten jedoch soziale Spannungen auf. Ursache
dafür sind die Bemühungen, die physischen und geistigen Unterschiede zwischen den einzelnen im Namen
einer abstrakten Gleichheitsvorstellung zu ignorieren.
Diese Selbsttäuschung bewirkt Gefühlserregungen, die
sich oft in Diskriminierung oder Aggression Luft machen.

Innerhalb einer Gesellschaft wurden die zwischenmenschlichen Beziehungen zu Tauschhandlungen,
gleichsam zu einem Austausch von Waren auf Verhandlungsbasis. Das Sozialleben vieler Menschen bestand nun überwiegend aus Werbung für ihre Hauptware, das selbstgeschaffene Ego oder dessen Verkauf. Ein
großer Teil des menschlichen Lebens gestaltete sich
nun als Handel mit fiktiven Werten oder Illusionen.
Jeder versuchte auf Kosten des anderen einen Vorteil
oder Gewinn zu erlangen. Dieser Vorteil oder Gewinn
diente dem einzelnen als Beweis für den Wert seines
aufgeblähten Ego. Sogar der angeborene Selbsterhaltungstrieb wurde durch den Drang nach Erhaltung
eines imaginären Ich ersetzt. Man begann auch Selbstmord zu verüben, was meist eine Vernichtung des
verachteten wahren Ich durch das aufgeblähte Ego
darstellte.

Das jugendlich-unreif denkende Individuum war
kaum je in der Lage, die Ironie seines Lebens zu erkennen. Wann immer es in zwischenmenschlichen Beziehungen einen unverdienten Vorteil oder Gewinn erlangte, entstand in ihm eine neue Angst – die Angst,
dies wieder zu verlieren, darum betrogen oder dessen

beraubt zu werden. Die von solcher Angst bewirkte psychosomatische Erregung wurde zum aggressiven Schutz des unverdienten Vorteils oder Gewinns genützt.

Interessanterweise haben politische oder religiöse Revolutionen nur dann Erfolg, wenn ihre Führer einen Teil ihrer Macht auf Personen übertragen, denen sie Positionen geben, die diese Personen nicht verdienen und die über deren Fähigkeiten liegen. Die Angst davor, eine privilegierte Position zu verlieren, bringt starke Energien hervor, die dann in den Dienst der Ideologien und der Führer gestellt werden, von denen sie die unverdienten Vorteile erhielten.

Am besten ließe sich eine unreife Gesellschaft in eine reife Gemeinschaft oder Gesellschaftsleben in Gemeinschaftsleben verwandeln, würde man unsere Posen, Rollen und angenommenen Masken durch Humor ausmerzen und sich einander öffnen, seine Unterlegenheit und Schwächen enthüllen. Unter Gleichwertigen oder sich gleichwertig Dünkenden gibt es keine Gemeinschaft. Gleichwertige ziehen einander nicht an. Eine Gemeinschaft gründet auf zwischenmenschlicher Anziehung. Aber es gibt keine Anziehung ohne anziehendes Wesen, und es gibt kein anziehendes Wesen ohne Offenheit oder Vertrautheit. Beide lassen die Verschiedenheiten erkennen, aus denen sich die Gemeinschaft schließlich zusammensetzt.

Es besteht jedoch ein großer Unterschied zwischen der Vertrautheit bei jugendlich-unreifer Denkweise und der Vertrautheit reifer Menschen: Die Vertrautheit unreif denkender Menschen ist ein Handel, bei dem zwei oder mehr Einzelwesen sich mit dem Ziel gegenseitiger Ausnutzung voreinander entblößen. Das heutige Elend, die steigende Zahl von Selbstmorden, Geisteskrankheiten und psychosomatischen Leiden sind größtenteils auf mangelnde echte Vertrautheit zurückzuführen.

Sich wirklich zu öffnen heißt, das selbstgeschaffene Ego aufzugeben – aber wir geben unser eingebildetes Ego nur auf, wenn wir anderen vertrauen. Wir vertrauen anderen aber nicht, weil wir uns selbst nicht trauen. Wir trauen uns selbst nicht, weil wir unser wahres Ich hinter der Fassade eines künstlich geschaffenen Ego verstecken. Durch Verstecken entsteht Angst. In dieser Angst versuchen wir, uns noch mehr zu verstecken, uns mit Dekorationen und Posen zu tarnen.

Erst wenn wir unser wahres Ich nicht mehr hinter der Fassade des eingebildeten Ego verstecken, beginnen wir, anderen zu vertrauen. Indem wir uns anderen öffnen, erreichen wir echte Vertrautheit mit ihnen, und dies ohne Schwierigkeiten, denn Offenheit zeigt sich freundlich und sanft, und Sanftheit entwaffnet die anderen, durchdringt ihren Schutzschild.

Trotz all meiner Bemühungen, die negative Seite des jugendlich-unreifen Denkens und Lebens darzustellen, werden wohl viele behaupten, daß dies immerhin amüsanter und aufregender sei als reife Ruhe und Gelassenheit. Manche leben sozusagen *mit Absicht* gefährlich, weil sie diese Aufregung suchen. Ich möchte hier aber betonen, daß wir es uns einfach nicht mehr leisten können, auf einem Planeten, der in Gefahr ist, jeden

Augenblick zu zerbersten, weiter nach unseren Launen und Tagträumen zu leben. Außerdem ist das, was wir heute aufregend nennen, im Grunde nur Spannung und Anspannung, verursacht von Gefühlserregungen, die ihrerseits durch Angst in einem Leben voller Tagträume und Illusionen, voller Unsicherheiten und kritischer Situationen geschaffen werden. Ein Großteil dieser Spannung und Anspannung führt zu Schlaflosigkeit, Hektik, Krebs, psychosomatischen Leiden, Geisteskrankheiten oder Selbstmord.

Noch bedenklicher ist es, daß wir nicht selten von utopischen politischen Ideologien oder religiösen Vorstellungen geleitet oder verführt werden, die nur aus der eingeschränkten Geistestätigkeit stammen (wie ich es bereits an anderer Stelle erklärte). Denn diese Geistestätigkeit findet unter dem Druck starker Gefühlserregungen statt, die durch Ängste aufgrund selbstgeschaffener, eingebildeter Unsicherheiten und Krisen entstehen. Ein aufregendes Leben ist das Ergebnis von eingeschränktem, irrationalem Denken.

Der Großteil zwischenmenschlicher Beziehungen betrifft den Umgang zwischen Mann und Frau.

Seit der Jugendrevolution hat der Mann versucht, die Frau zu unterjochen. Sogar in sexuellen Beziehungen muß die Frau oft die Wünsche des Mannes befriedigen, seiner Initiative folgen, seine für sie oft unbequeme oder erniedrigende Sexualtechnik akzeptieren, die in vielen Fällen nur ein Ritual des Besitzens oder Beherrschens ist.

Die Feindseligkeit jugendlich-unreifer Mentalität gegenüber Frauen beruht größtenteils auf der Angst des Mannes davor, wegen seiner Selbstüberschätzung oder dem Zurschaustellen seiner Männlichkeit und Potenz verlacht zu werden. Am stärksten wurde die Eitelkeit des Mannes wohl durch den Ehebruch seiner Frau verhöhnt, deshalb bestrafte man Frauen jahrhundertelang für Ehebruch mit dem Tod.

Angst vor Frauen zeigt sich auch am Interesse vieler Männer für Pornographie. Denn angesichts der unwürdigen, verzerrt-vulgären Darbietung von Frauenkörpern als *Objekte* fühlt sich der Mann in seiner Männlichkeit und Potenz offenbar weniger bedroht.

In seiner durch die Angst vor Frauen verursachten Gefühlserregung bekämpft und erniedrigt der Mann nicht nur das weibliche Geschlecht, sondern auch die weiblichen Züge in sich selbst. Erst wenn sie ihre aggressive Männlichkeit verlieren, kommen Männer zur Reife – wenn sie aufhören, das Weibliche in sich selbst zu bekämpfen.

In der Arbeitsteilung schuf der Mann männliche und weibliche Beschäftigungen, wobei er seine eigene in den Vordergrund rückte und die der Frau herabsetzte. In jüngster Zeit verändern sich die Beschäftigungsstrukturen jedoch. Dank moderner Technologien gibt es weniger körperliche Schwerarbeit, in der der Mann früher seine männliche Identität fand; dies beeinträchtigt natürlich seine Selbstsicherheit. Elektronische Geräte, die Frauen ebensogut bedienen können wie Männer, veränderten den Fabrikationsbereich der Wirtschaft – einst Monopol und Stolz des *Homo faber*. Die Entwicklung des Dienstleistungssektors und der Bürokratie

erhöhte ebenfalls die Zahl der arbeitenden Frauen. Die
Ära der männlichen Brotverdiener und weiblichen
Haushälterinnen geht ihrem Ende zu.

Berufliche Tüchtigkeit verbunden mit wirtschaftlicher Unabhängigkeit ermutigte die Frauen dazu, ihren
Verstand einzusetzen. Dadurch wurden nun auch die
hauptsächlichen Vorurteile jugendlich-unreifen Denkens erschüttert.

Einige der sogenannten *Fraueninitiativen* und *Frau-
enbefreiungsbewegungen* tragen eigentlich nicht zur
Befreiung, zur echten Emanzipation bei. Im Gegenteil,
Hauptziel gewisser Frauen scheint es eher zu sein, den
unreifen Männern gleich zu werden, anstatt sich zu
reifen Frauen zu entwickeln. Sie kämpfen darum, die
Errungenschaften jugendlich-unreifen Denkens zu erlangen, zu denen unter anderem Selbstüberschätzung,
Leben über die eigenen Verhältnisse oder Verdienste,
Angriffslust, eine *Nach-mir-die-Sintflut-Einstellung*
und psychosomatische Leiden bis hin zu Geisteskrankheit gehören.

Männer gehen oft nur deshalb eine Verbindung ein, um
die stereotype Rolle des Ehemanns, also eines dominie-
renden Patriarchen, zu übernehmen und der Partnerin
die stereotype Rolle der Ehefrau, also der gehorsamen
Hausangestellten, zuzuweisen. Diese Art von Ehe führt
zu einem Rollenspiel, in dem es aber keine echte
Vertrautheit geben kann, da Rollen etwas Vorgeschrie-
benes sind. Es genügt nicht, sich auszuziehen, um
miteinander vertraut zu werden. Um echte Vertrautheit zu erreichen, muß man seine Vorurteile ablegen,

als wären es Kleider; man muß damit aufhören, Rollen zu spielen oder Posen einzunehmen, die vom eingebildeten Ego diktiert werden. Der Sinn für Humor hilft dabei. Sinn für Humor kann nämlich das Ehewettspiel in ein genußreiches Ehespiel verwandeln. Spielen bedeutet Miteinander, und Miteinander bedeutet Lieben.

Beim Ehespiel sind Mann und Frau einander selten fremd. Spiel schafft dauernde Kommunikation. Spiel führt auch zu Neugier, geistiger Wachheit, Fortschritten im gemeinsamen Erleben und vor allem zu Kontakt mit dem Spielgefährten und Interesse an ihm.

Beim Ehewettkampf gibt es dagegen zwei Rollen. Rollenspiel bringt jedoch oft Langeweile, und Langeweile erschreckt das Ego. Weil sie das Ego erschreckt, führt sie entweder zu Sexbesessenheit oder zur Scheidung, manchmal auch zu beidem.

Das Ehespiel hält länger an als der Ehewettkampf. Ziel eines Wettkampfs ist der schnellstmögliche Sieg, Ziel beziehungsweise Zweck eines Spiels ist dessen Fortdauer.

Wir klagen heute, daß die Ehe in einer Krise stecke, doch sie steckt bereits seit ihrer Erfindung in einer Krise. Die Ehe wurde erfunden, als man beschloß, die natürliche, um die Mutter gebildete Familie durch eine künstliche zu ersetzen, die sich um den *Paterfamilias* schart. Eine echte Familie läßt sich nicht auf einer Abstraktion aufbauen, vor allem dann nicht, wenn diese Abstraktion der Realität durch gesetzlichen, physischen und moralischen Zwang aufgenötigt wurde. Die patriarchalischen *Vaterrechte* isolieren den Mann von Frau und Kindern. In der vom Mann beherrschten Familie fehlt es ja auch an Vertrautheit.

Eine echte Familie beruht nicht auf gesetzlichen oder Besitzansprüchen, sondern auf Zugehörigkeitsgefühlen.

Wir können alle zu einer glücklichen, großen Familie gehören, die die ganze Gemeinschaft umfaßt, wenn wir uns je nach den Bedürfnissen der anderen so benehmen wie ein reifer Vater, eine mütterliche Mutter, ein brüderlicher Bruder, eine schwesterliche Schwester oder ein verspieltes Kind. Darum ist der Rat der reifen Denkweise, *andere* zu erkennen, besser und wichtiger als die Aufforderung der jugendlich-unreifen Mentalität, sich *selbst* zu erkennen.

Die strenge Vaterrolle ist noch unnatürlicher und wirkt sich noch schädlicher auf die Vertrautheit innerhalb der Familie aus als die Rolle des Ehemanns. Kinder wollen keinen stereotypen, patriarchalischen Vater, sie sehnen sich nach einem Spielgefährten. Der Vater könnte den Kindern seine Erfahrung und sein Wissen viel besser vermitteln, wenn er mit ihnen spielte, anstatt sie zu belehren, denn durch das Spiel wird die Gehirntätigkeit optimal angeregt. Im Spiel kann er zu Vertrautheit, dauernder Freundschaft und Gemeinsamkeit mit seinen Kindern gelangen – und sie gewinnen dasselbe Verhältnis zu ihm. Die Vaterrolle schüchtert Kinder meist ein, wodurch sich ihr Kindsein verlängert. Dies behindert wiederum die natürliche Zielsetzung der Mütter, Kindern zur Reife zu verhelfen.

Viele jugendlich-unreif denkende Väter sind ichbezogen. Paßt die Frau sich der Ichbezogenheit ihres Mannes an, so geschieht dies meist auf Kosten ihrer Zuwendung und ihrer Aufmerksamkeit für die Kinder. Paßt sie sich der Ichbezogenheit des Mannes nicht an, sondern kümmert sich um die Kinder, dann empfindet der ichbezogene Vater seine Kinder vielleicht als Ärgernis, was deren Leben mit Angst und Sorgen erfüllt.

Reife macht den Vater mütterlich, also zur Mitarbeit bereit, das heißt auch dazu, am Heranziehen der Kinder teilzunehmen. Eine solche Familie hilft den Kindern, ihr Urteilsvermögen zu erweitern, indem sie ihr Denken aus der Starre und Enge einander widersprechender Gegensätze befreit. Mit dem so geweiteten Urteilsvermögen erkennen die Kinder, daß das eigentliche Leben nicht aus fragwürdigen Siegen über einen *Gegner* besteht, sondern aus einer ständigen Folge von Absprachen und Übereinstimmungen. Gerade die Kinder müssen ihr Urteilsvermögen und ihren Verstand weiten, weil es, insgesamt gesehen, für das Leben auf unserem Planeten eine Gefahr bedeutet, mit einem der uralten, unreifen Denkphase noch nicht entwachsenen Verstand immer mehr tödliche Waffen zu handhaben und die Entwicklung in Naturwissenschaft und Technik voranzutreiben.

Das Erziehungssystem unserer jetzigen Gesellschaft bereitet die Kinder auf stereotype Eherollen vor. Jungen werden gelehrt, männlich, bestimmend, aggressiv und als Konkurrenten aufzutreten; Mädchen bringt man bei, gelehrig, weiblich, unterwürfig und gehorsam zu sein.

Einem Problem stehen manche Paare gegenüber: Ist

einer der Partner sehr unreif, so kann die Geburt eines Kindes eine nachgeburtliche Depression auslösen. Dieser sehr belastende Zustand wird oft von der Vorstellung getragen, ein Baby bedeute das Ende des freien (selbstsüchtigen und ichbezogenen) Lebens der Eltern und den Beginn einer neuen Verantwortlichkeit.

Frauen mit betont männlich-unreifer Mentalität lehnen das weibliche Rollenbild und die Mutterschaft ab. Sehr unreife Männer wollen von Verantwortung und Reife nichts wissen, da Reife Mütterlichkeit bedeutet, von der sie sich ja losgesagt hatten.

Ein weiteres Eheproblem stellt das dar, was ich chronische Selbstüberschätzung oder hartherzige Kälte nennen möchte. Sie entsteht, wenn ein Partner oder beide meinen, sie hätten es besser treffen, jemand anderen finden können, der Partner gefiele ihrem aufgeblähten Ego nicht mehr, aber aus moralischen, religiösen oder finanziellen Gründen wäre eine Scheidung unmöglich. Viele Kinder aus solchen Ehen neigen dazu, sich als Jugendliche in Drogen oder andere angebliche Ersatzmöglichkeiten zu flüchten.

Mit Sinn für Humor ließen sich auch diese Probleme lösen.

Viele Spannungen in zwischenmenschlichen Beziehungen (ebenso in der Ehe) entstehen durch ungerechtfertigte, übertriebene Erwartungen, die sich nicht erfüllen. Aber niemand ist vollkommen, am wenigsten wir selbst. Diese Erkenntnis läßt uns wohl eher über Schwächen und *Fehler* des anderen hinwegsehen. Ein humorvolles Lächeln über Unzulänglichkeiten verhilft

uns zu jener Geduld und Toleranz, die zwischenmenschliche Beziehungen mit angenehm leichter Atmosphäre erfüllen.

Am wichtigsten für eine befriedigende Einstellung
und Beziehung zu anderen ist es aber, bei sich selbst
anzufangen, seine eigenen Ängste, Sorgen und übertriebenen Vorstellungen abzubauen und mit sich zu-
friedener zu werden, so wie reifes Denken dies vor-
sieht. Diese Zufriedenheit überträgt sich auf den anderen und fördert Vertrauen, Gemeinsamkeit und Gemeinschaft.

Einige praktische Fragestellungen, die sich daraus
ergeben, mögen dazu beitragen, die eigene Haltung
anderen gegenüber zu prüfen. Vielleicht können Sie
dadurch bereits einige Schwächen herausfinden, die
sich durch humorvolles Vorgehen aufheben lassen:

○ Begegnen Sie anderen Menschen mit größter Zu-
rückhaltung und Vorsicht?
○ Sind Ihnen Äußerlichkeiten sehr wichtig?
○ Legen Sie jede Äußerung und Handlung Ihrer Mit-
menschen auf die Waagschale – sind Sie sehr kri-
tisch?
○ Entspricht kaum je etwas Ihren Vorstellungen –
finden Sie an Ihren Mitmenschen stets etwas aus-
zusetzen?
○ Kann Ihr Partner oder Ihre Familie Ihnen selten
etwas recht machen?
○ Drücken Sie Mißfallen oder Ärger stets in heftigen
Worten aus?
○ Ist Ihr Gesichtsausdruck meist ernst?

○ Bedenken Sie kaum jemanden mit einem Lächeln, schon gar nicht unbekannte Menschen?
○ Sprechen Sie gern viel, und erzählen Sie am liebsten von sich selbst?
○ Hören Sie ungern zu?
○ Fühlen Sie sich mit Ihrer Meinung und Ihrem Verhalten eigentlich meist im Recht?
○ Werden Sie leicht ungeduldig?

Wenn Sie diese Fragen (und es gäbe noch viele weitere) mit Ja beantworten können, versuchen Sie es einmal, die Fragen in ihr Gegenteil zu kehren (zum Beispiel die erste Frage: Gehen Sie offen und unvoreingenommen auf andere Menschen zu?), und sehen Sie, ob sich die Aussagen solcher Umkehrungen Schritt für Schritt verwirklichen lassen. (Dann finden Sie auch unschwer zusätzliche Fragen, die Sie ähnlich behandeln können – wie in einem Spiel.) Gelingt es Ihnen, werden Sie die Wirkung bald erfreut verspüren – einige Ihrer Ängste haben sich als nichtig herausgestellt, und Sie sind nicht zuletzt deshalb ausgeglichener, weil Ihre Mitmenschen positiv auf Sie reagieren und Ihnen entgegenkommen.

Manchmal ist es eben wesentlich, den ersten Schritt zu tun, auf den anderen zuzugehen, sei es bei neuem Kennenlernen oder in einer momentan verfahrenen Situation innerhalb der Familie oder Partnerschaft. Gerade hier kann Humor Wunder wirken, vor allem wenn eine kleine ungewöhnliche Idee zum Lachen verführt.

8

Sexualbeziehungen und Liebe

Nirgends zeigt sich die Unreife der menschlichen Entwicklung und Denkweise deutlicher als in der Sucht nach Sex und Orgasmus.

In der Tierwelt wird die sogenannte sexuelle Erregung hauptsächlich durch biologisches Unbehagen hervorgerufen. Warum ist sexuelle Erregung biologisches Unbehagen? Eine mögliche Antwort gibt folgende Tatsache: Das Wachstum eines lebenden Organismus stellt ein Zusammenspiel von biochemischem Potential der befruchteten Urzelle und den äußeren Umständen dar, in denen das Zusammenspiel stattfindet. Der Höhepunkt dieses Zusammenspiels ist dann erreicht, wenn der Organismus zu wachsen aufhört und ein relativ stabiles Gleichgewicht mit den äußeren Kräften seiner Umgebung erlangt. Diesen ausgewogenen Zustand nennen wir *Reife*.

Gewisse Randteile des Organismus bleiben jedoch unvollkommen oder unterentwickelt. Diese Teile, die für das Überleben des Individuums unnötig sind, könnten die sogenannten Geschlechtsdrüsen sein.

In besonderen, saisonbedingt extrem günstigen Phasen oder bei bestimmten Sinnes- oder Hormonreizen beginnt der Organismus sich von neuem zu entwickeln und versucht über seine ausgewogene Größe hinauszuwachsen. Diese Entwicklung vollzieht sich hauptsächlich über die Randteile, die unterentwickelt blieben, als der Organismus im Zusammenspiel von Entwicklungsmöglichkeiten und äußeren Umwelteinflüssen zum Gleichgewicht kam.

Bei Aktivierung produzieren die Geschlechtsdrüsen unvollkommene und unentwickelte Keimzellen, die nur die Hälfte der in normalen Zellen befindlichen Chromosomen enthalten. Da diese Keimzellen unvollkommen und überflüssig sind, gelten sie für den Organismus als Fremdkörper, als etwas Lästiges, das biologisches Unbehagen verursacht. Außerdem irritieren diese Zellen wegen ihrer Virulenz. Jeder lebende Organismus trachtet danach, biologisches Unbehagen zu beseitigen oder Reizungen abzuschwächen. Also setzt der Organismus seine Abwehrkäfte ein, damit sie die Keimzellen ausstoßen. Die Keimdrüsen eines Organismus, in denen die Keimzellen erzeugt werden, liegen meist in der Nähe der Organe, die auf das Ausscheiden der für den Körper unnötigen Flüssigkeiten spezialisiert sind. Daher dienen diese Organe den Keimdrüsen häufig zum Ausstoßen ihrer Sekretion.

Daß Keimzellen biologisches Ungleichgewicht und Unbehagen bedeuten, sieht man an dem *Unwohlsein* oder den Schmerzen weiblicher Tiere, die brünstig sind.

Beim Menschen ist die Menstruation der Frau ebenfalls häufig mit Schmerzzuständen verbunden. Daß die Keimzellen durch das Ungleichgewicht und Unbehagen ebenso gewisse spezifische Ängste hervorrufen, würde ich darin belegt sehen, daß sie in größeren Mengen meist den Penis männlicher Tiere steif werden lassen. Meiner Ansicht nach lösen nicht die Hoden eine Peniserektion aus, sondern die besonderen Ängste aufgrund der Reizung durch die virulenten Keimzellen. Die Erektion wird hauptsächlich durch das sympathische Nervensystem und die mit ihm verbundenen endokrinen Drüsen gesteuert. Dabei wird der Blutzufluß in die Schwellkörper des Penis verstärkt. Meist sind es Ängste, die das sympathische Nervensystem und damit auch die endokrinen Drüsen aufgrund eines Unbehagens stimulieren.

Bei vielen Primaten kommt es, vor allem in Gefangenschaft, bei Bedrohung zur Erektion. Die Erektion beim männlichen Fötus, bei kleinen Jungen oder bei Eunuchen läßt sich nur mit der Reaktion des sympathischen Nervensystems erklären, die durch spezifische Ängste hervorgerufen wird. Die Intensität der Reaktion entspricht derjenigen von Ängsten und Störungen durch die Keimdrüsen. Im Schlaf zeigt sich meist während der sogenannten REM-Phasen, in denen das sympathische Nervensystem aktiv ist, eine Erektion.

Angst davor, bei Wettkämpfen schlecht abzuschneiden, kann zum Beispiel bei Athletinnen zu Erektionen der Klitoris und der Burstwarzen führen.

Die für sexuelle Aktivitäten der Tiere nötige Energie rührt von Ängsten her, die aufgrund biologischen Unbehagens durch überzählige Keimzellen im Körper entstehen. Die von diesen Ängsten verursachte Gefühlserregung nennen wir *sexuelle Erregung*.

Erektionen des Penis und der Klitoris werden durch Ängste von gewisser Intensität beziehungsweise von dadurch ausgelösten Reaktionen des sympathischen Nervensystems und der endokrinen Drüsen bewirkt. Ängste, die das entsprechende Intensitätsniveau nicht erreichen, führen ebensowenig dazu wie Ängste, deren Intensität über diesem Niveau liegt, weil sich die Blutzufuhr in diesem Fall meist auf jene Organe konzentriert, die in einem Notfall gebraucht werden, und sich dadurch in den Schwellkörpern des Penis oder der Klitoris verringert.

Daß die Keimzellen im Körper ein physiologisches Ungleichgewicht und Unbehagen erzeugen, kann man an der Erleichterung eines Tieres erkennen, das sich durch Geschlechtsverkehr davon befreit hat. Meiner Ansicht nach besteht der Hauptzweck des Sexualverkehrs in der Natur nicht nur, wie man allgemein glaubt, in der Fortpflanzung, sondern auch in der Beseitigung des durch die Ausschüttung der Keimzellen entstehenden biologischen Ungleichgewichts und Unbehagens.

Glücklicherweise – in bezug auf das Leben – bilden diese unvollkommenen männlichen und weiblichen Keimzellen nach der Ausstoßung dank ihrer Affinität und einander ergänzenden Eigenschaften vollkommene Zellen, die unter den dazu nötigen Bedingungen einen neuen Organismus erzeugen. Meines Erachtens ist das Zusammentreffen von männlichen und weiblichen Keimzellen reiner Zufall, wenn auch mit hoher

Wahrscheinlichkeitsrate unter bestimmten Bedingungen. Die Theorie, daß es Ziel und Zweck aller Lebewesen sei, sich fortzupflanzen, ist bisher nicht biologisch begründet, wenn auch die Erfahrung die lebens- und arterhaltende Dynamik des Geschlechtstriebs zu bestätigen scheint. Fortpflanzung oder Verschwinden einer Spezies geschehen – auch im Rahmen der Evolution, Selektion und Anpassung – eher zufällig, wie auch das Leben selbst ein kosmischer Zufall zu sein scheint, denn aus menschlicher Sicht ist keine zwingende Kausalität erkennbar.

Häufig hört man die Behauptung, die Fortpflanzung beruhe auf Instinkt. Gegen Ende seines Lebens mußte SIGMUND FREUD, der dieser Erklärung große Bedeutung zugemessen hatte, schließlich zugeben, daß sie eine Einbildung gewesen sei.

Die bei optimalen Bedingungen von Menschen, Tieren und Pflanzen erzeugten überzähligen Keimzellen ermöglichen nicht nur die Fortpflanzung des Lebens, sondern das Überleben an sich. Ein Großteil der Nahrung, zum Beispiel Eier, Früchte und Getreide, entstand aus nichts anderem als aus überzähligen Keimzellen.

Andere Arten von Lebewesen müßten uns wohl für sexuell unersättlich halten. Tagtiere kopulieren nie bei Nacht und Nachttiere nie bei Tag, und nur gewisse Primaten begatten in der Gefangenschaft oder bei seltenen Gelegenheiten in Freiheit ihre Weibchen, ohne daß diese brünstig, also empfängnisbereit sind.

Warum sind wir so sexbesessen und betreiben diese zusätzliche Aktivität, die für unser Leben eigentlich

unnötig ist, weit über das für die Fortpflanzung unserer
Art notwendige Maß hinaus? Und dies, obwohl sich
dieses Treiben schon als Ursache von Gebärmutter-
halskrebs und vieler anderer, auch lebensbedrohender
Krankheiten erwiesen hat?

Es gibt zwei Arten sexueller Betätigung: die vom
Körper angeregte, natürliche, und die über den Geist
veranlaßte, unnatürliche. Sexbesessenheit ist im Grunde eine Geisteskrankheit und verwirrt unseren natürlichen Sexualtrieb.

Wie bei jeder anderen Gier, jedem Bedürfnis unseres
Ego, kommt es durch Unsicherheit und Ruhelosigkeit,
ausgelöst durch Gefühlserregungen, die von unserem
eingebildeten und anspruchsvollen Denken hervorgerufen werden, zu dieser Sexualmanie.

Daß Sexbesessenheit eine geistige Störung ist, läßt
sich deshalb ersehen, weil der Mensch als einzige
Spezies den Geschlechtsverkehr nicht nur innerhalb
derselben Art, sondern auch mit anderen Arten (Sodo-
mie) betreibt, Anal- und Oralverkehr und alle möglichen sexuellen Grausamkeiten und Perversitäten erfand und sogar Kinder sexuell mißbraucht.

Wann immer das jugendlich-unreife männliche Ego
durch die Realität erschüttert wird, hat es das Bedürfnis, seinen Wert durch einen Erfolg zu beweisen. Bei
sehr anmaßenden Menschen geschieht dies besonders
häufig. Einem auf Männlichkeit aufgebauten Ego gefällt sexuelle *Tüchtigkeit* meist am besten. Sie ist auch
am leichtesten zu erreichen, da sexuelle Bereitschaft
sich durch Phantasien erzeugen läßt.

Für die über den Geist angeregte Sexualität muß der Körper jedoch zusätzliche Energien bereitstellen. Wie bereits erklärt, bringt der Körper zusätzliche Energie vor allem dann hervor, wenn er erschreckt wird, und das Denken bringt Ängste immer dann hervor, wenn seine Welt durch Zweifel in Frage gestellt, sein aufgeblähtes Ego erschüttert wird. Die meisten Frauenhelden, von DON JUAN bis zu modernen Sexual*helden*, sind eigentlich unsichere und leicht zu erschütternde Individuen, die ihr Ego aufladen wollen. In Revolutionen oder Kriegen, also in Zeiten großer Unsicherheit, verstärkt sich die sexuelle Aktivität deutlich.

Wie steht es aber mit der Frau innerhalb der Spezies Mensch?

Durch die jugendlich-unreife Kultur beeinflußt, passen sich viele Frauen an die Männerwelt an. Sie halten es für die beste Überlebensmethode (oder tun so), so zu sein, wie man es von ihnen erwartet. »Das männliche Ego will befriedigt sein, also befriedigen wir es«, ist das Motto vieler Frauen. Es ist vielfach durchaus üblich, sogar im Geschlechtsverkehr, daß der Mann gar nicht versucht, seine Partnerin zufriedenzustellen, sondern nur zur eigenen Befriedigung kommen will. Oft verhilft die Frau dem Mann absichtlich schnell zu sexueller Befriedigung und ist dann einfach erleichtert, wenn es vorbei ist. Manche täuschen sogar einen Orgasmus vor, um das Ego des Mannes zu stärken. In männlich dominierten Kulturen ist die Frau eben für die Dienstleistungen da.

Woher nimmt nun die Frau die zusätzliche Energie für ihre unnatürliche Sexualbetätigung?

Viele Frauen gewinnen diese zusätzliche Energie aus

einer durch Ängste verursachten Gefühlserregung – Angst davor, nicht verführerisch, nicht gewünscht oder begehrt zu sein, nicht gebraucht zu werden, oder Angst vor Einsamkeit und Hilflosigkeit. Nymphomaninnen beziehen die Energie für ihren überentwickelten Sexualtrieb aus der übertriebenen Angst des Ego vor einem Versagen ihrer Verführungskunst.

In einer Welt unreifen Denkens stellt der über den Geist gesteuerte Sexualverkehr oft ein Abenteuer zweier in sich selbst verliebter Menschen dar, die einander ausnützen und ausbeuten wollen, denn nur das kann übertrieben anspruchsvolle Egos befriedigen. In den meisten Sprachen nennt man Geschlechtsverkehr ja bezeichnenderweise *Liebe machen*. Nach gegenseitig ausgenütztem Beisammensein fühlen sich diese beiden in sich selbst verliebten, verängstigten und einsamen Geschlechtspartner jedoch oft noch ängstlicher und einsamer.

Viele Menschen glauben, daß unsere Sexbesessenheit durch das dabei gewonnene körperliche Vergnügen angeregt wird, SIGMUND FREUD ging sogar soweit zu behaupten, das ganze Leben werde von diesem Vergnügen regiert. Teilweise hatte er recht, nämlich in bezug auf das Leben der jugendlich-unreifen Menschheit.

Von unserem aufgeblähten Ego angetrieben, füllen wir das Leben mit Betätigungen, die diesem Ego Vergnügen bereiten. Freude und Vergnügen werden ja geistig erzeugt. Ein befriedigtes Ego löst sie aus, und es kommt dabei zu einem ähnlichen Zustand wie unter Drogeneinfluß. Für diesen Zustand sind die natürlichen Opiate verantwortlich. Sie werden vom Gehirn ausge-

schüttet, während wir uns bemühen, etwas zu erreichen. Zur vollen Wirkung gelangen sie aber erst dann,
wenn das Ego nach dem Kampf um ein Ziel vom Erfolg
befriedigt ist. Offenbar werden die natürlichen Opiate
während einer Gefühlserregung und der sie begleiten-
den Anspannung von den Gehirnrezeptoren nicht voll
genützt und aufgesogen.

In der Tierwelt bedeutet Leben nicht Vergnügen,
sondern das Vermeiden von Schmerzen, die Befriedigung biologischer Bedürfnisse und die Beseitigung körperlichen Unbehagens. Die Energie für diese Aktivitäten wird durch die Ängste erzeugt, die mit biologischen
Schmerzen, Bedürfnissen und Unbehagen einhergehen.
Nach der Beseitigung eines biologischen Unbehagens
entspannt sich das Tier und verringert seine Aktivitäten auf ein Mindestmaß.

Viele Menschen werden, indem sie ihre biologischen
Bedürfnisse befriedigen, hingegen ruhelos, und zwar
deshalb, weil die Befriedigung der Bedürfnisse das Ego
erfreut. Denn sie verstärkt dessen Bedeutung und Überheblichkeit, damit gleichzeitig aber auch oft Unsicherheit und Unruhe. Diese Unruhe hält nach neuen Erfol-
gen Ausschau, die dann die überhöhte Selbsteinschätzung des Ego befriedigt. Unsere Gedanken besitzen
solche Macht und solchen Einfluß, daß sie die anstren-
gendste Tätigkeit in ein Vergnügen verwandeln können, wenn sie nur unserem Ego schmeichelt.

Die meisten Menschen wählen jene Ziele, die ihr Ego
am stärksten befriedigen. Manche finden vielleicht
Befriedigung in intellektuellen Leistungen, andere in
der Kunst, wieder andere in einem Beruf, manche im

Sport und manche in materiellem Besitz oder politischer Macht. In einer Gesellschaft, die von einer männlichkeitsbetonten Kultur beherrscht wird, sind viele Männer von sexuellem Leistungswahn besessen. Vielleicht gab diese Vielzahl von Leistungen FREUD die Anregung zu seiner Theorie von der Libido und zur Sublimationstheorie, die sich mit der Übertragung sexueller Energie auf eine nichtsexuelle Betätigung befaßt.

Denken und Ego können so starken Einfluß ausüben, daß sie die Tätigkeit der Keimdrüsen stören. Ich habe viele beruflich erfolgreiche, selbstsichere und bestimmt auftretende Männer kennengelernt, die unfruchtbar wurden. Dies läßt sich meiner Ansicht nach vor allem darauf zurückführen, daß die starken Gefühlserregungen, die durch Ängste entstehen, welche von übergroßen Ansprüchen oder extremem Ehrgeiz herrühren und die zusätzliche Energie für die Aggression und Selbstbestätigung solcher Menschen bereitstellen, die Tätigkeit der Keimdrüsen erheblich schwächen. Außerdem sind die geringen Mengen an Sperma, die bei starker Gefühlserregung erzeugt werden, weniger fruchtbar und weniger lebhaft als sonst.

Vielleicht könnte man bestimmte psychosexuelle Krankheiten verstehen, wenn man in Betracht zöge, daß es während einer starken psychosomatischen Erregung nicht so leicht zu sexueller Erregung kommt. Je übertriebener und halsstarriger jemand denkt, desto weniger wird er sexuell erregt werden. Eifrige Religions- und Moralverfechter entsagen nicht dem Geschlechtsleben, sondern ihr Glaube verhindert ihn. Die Starre überernsten Denkens hemmt die Tätigkeit der

Geschlechtsdrüsen und damit deren Hormonausschüttung.

Sinn für Humor könnte übertriebene Ansprüche reduzieren, indem solche Menschen ihren Überehrgeiz erkennen und als lächerlich empfinden und damit wesentlich zur Heilung von Unfruchtbarkeit beitragen.

Wenn in Kulturen, in denen diese Eigenschaften hohe Bedeutung besitzen, ein Mann in seiner Männlichkeit und eine Frau in ihrer Weiblichkeit beleidigt werden, kann dies zu einer gleichsam selbstdachten Kastration führen, deren Wirkung auf die sexuelle Libido viel stärker ist als eine körperliche Kastration.

In der Tierwelt wird das von virulenten Keimzellen verursachte biologische Unbehagen durch Geschlechtsverkehr beseitigt. Tiere, denen man die Keimdrüsen entfernte, verlieren meist jegliches sexuelle Interesse.

Beim Menschen dient der Sexualverkehr hauptsächlich dazu, einen Orgasmus zu erreichen. Entfernt man beim Menschen die Keimdrüsen, so bleibt er meist sexuell aktiv und ist bestrebt, einen Orgasmus zu erleben.

Was ist Orgasmus?

Wie schon gesagt, hat die durch selbstgeschaffene Gefühlserregungen entstehende Ruhelosigkeit ein Leistungsbedürfnis zur Folge. In ihrer jugendlich-unreifen Denkweise sehen viele Menschen sexuellen Erfolg als wichtige Bestätigung des Ego an. Über Phantasien führt der Wunsch nach sexuellem Erfolg zu sexueller Erregung.

Wir genießen daher eine Sexualbeziehung, die unter doppelter Spannung steht: Die eine stammt von der selbsterzeugten Gefühlserregung, die andere von der gedanklich hervorgerufenen sexuellen Erregung.

Zärtlicher Körperkontakt, beruhigendes Umarmen und Liebkosen und zartes Berühren und Streicheln der empfindlichen Körperpartien beim sexuellen Spiel – dazu liebevolle, zärtliche, beruhigende Worte – lenken von der Überernsthaftigkeit, der Hauptursache von Gefühlserregungen, ab. Wird diese Ursache ausgeschaltet, kann sich die im Körper angesammelte Spannung im sogenannten Orgasmus entladen. Auftreten und Stärke des Orgasmus hängen mit der Intensität der Hingabe und Selbstvergessenheit und mit der angesammelten Spannung zusammen.

Werden empfindliche Zonen gestreichelt, zart massiert oder geküßt, so erzeugen das Nervensystem und der ganze Körper ein bestimmtes Maß an Gefühlserregungen, die wir in sexuelle Erregung *übersetzen*. Streicheln, zarte Massage und Küsse sind spielerische Drohungen oder Scheinattacken, die ganz bestimmte, besondere Ängste hervorrufen, gleichsam angstlose Ängste. Die erogensten, also erotisch reizbarsten Zonen eines Menschen sind meist auch die gegen echte körperliche Angriffe empfindlichsten Regionen.

Wer besorgt oder überernst ist, wird kaum zum Orgasmus kommen; Frigidität und starker Einfluß des Geistes sind eng miteinander verbunden. Starke psychosomatische Erregung kann durch Zusammenziehen oder Lähmung der Sexualorgane und damit Verhinderung der Hormonausschüttung Impotenz und Frigidität

hervorrufen. Je nach Dauer und Stärke der selbstgeschaffenen Erregung können diese Zustände kürzer
oder länger anhalten.

Starke psychosomatische Erregung kann bei der Frau
auch zur Anorgasmie führen, der Unfähigkeit, beim
Sexualverkehr zum Orgasmus zu gelangen, oder zu
Vaginismus beziehungsweise vaginalen Spasmen vor
dem Eindringen des Penis.

Da die Menschen imstande sind, ihre eigene Überernsthaftigkeit (meines Erachtens die Hauptursache
von Impotenz und Frigidität) aus der Phantasie heraus
zu schaffen, müßten sie dieselbe Phantasie doch auch
benützen können, um spielerische, angenehme Bilder
zu entwickeln, die eine psychosomatische Erregung
abschwächen, von Hemmungen befreien und zu der für
das Sexualspiel so wichtigen Entspannung und größerer
Elastizität des Körpers beitragen.

Einer der wirksamsten Anreize zum sexuellen Spiel
und gleichzeitig erfolgreichster Bekämpfer der Überernsthaftigkeit ist der Humor. Humor schafft eine
entspannte Atmosphäre und Verspieltheit, die dazu
beitragen, übertrieben Ernstgenommenes weniger
ernst zu sehen. Den Lebensstil und die Kultur, die dem
Geschlechtsleben in zwischenmenschlichen Beziehungen eine so dominante Rolle zuweisen, humorvoll zu
betrachten, könnte gegen sexuelle Verspannung und
Leistungsdruck wirken. Sinn für Humor könnte auch
dazu verhelfen, die derzeitigen stereotypen Vorstellungen von Mann und Frau in Frage zu stellen, die ja nur
aus der jugendlich-unreifen Mentalität und deren Kultur entstanden sind.

Manche Frauen erreichen durch Selbstbefriedigung einen erfüllenderen Orgasmus als beim Sexualverkehr mit dem Partner, da sie sich beim Masturbieren in ihren sexuellen Phantasien entspannter und freier fühlen. Ziel dieser Phantasien ist es, die selbstgeschaffenen Ängste und Sorgen loszuwerden. Manche eitlen Frauen stellen sich vor, sexuellen Verkehr mit einem bekannten Schauspieler oder Sänger zu genießen, was ihnen schmeichelt und sie entspannt.

Bei näherer Betrachtung läßt sich der Orgasmus mit dem Lachen vergleichen, denn Orgasmus und Lachen haben vieles gemeinsam. Bei beiden handelt es sich um die Entladung einer im Körper aufgestauten Spannung, nachdem die Ursache oder Quelle der Gefühlserregung beseitigt oder vorübergehend ausgeschaltet wurde – beim Orgasmus durch beruhigenden körperlichen Kontakt, Liebkosen oder Streicheln, beim Lachen dadurch, daß übertriebene Erwartungen oder Einbildungen sich nicht erfüllen oder lächerlich gemacht werden.

Der Orgasmus unterscheidet sich jedoch vom Lachen darin, daß es länger dauert, bis er erreicht ist. Lachen ist eine plötzliche und unmittelbare Reaktion, der Orgasmus stellt sich meist erst nach einer gewissen Zeit ein. Dies rührt vielleicht daher, daß das Ego des Mannes während des sexuellen Spiels Angst hat, sexuell keine gute Leistung zu erbringen, und die Frau Angst hat, sich zu entspannen, sich hinzugeben oder ihr überschätztes Ego aufzugeben. Es sind wohl diese Ängste, die zu der beträchtlichen Erhöhung von Blutdruck, Pulsschlag und Atemtätigkeit, zu Artikulationen wie Jammern, Schreien und zu Verzerren des Gesichts führen – eigentlich alles Anzeichen eines inneren Kampfes.

Beim Mann fallen Samenerguß und Orgasmus meist zusammen, obwohl sie durch verschiedene Reize ausgelöst werden. Denn der Orgasmus beeendet die vorherrschende Rolle des sympathischen Nervensystems, und erst dann kann die Reaktion des parasympathischen Systems, das die Ausscheidung überflüssiger Körperstoffe steuert, wieder einsetzen.

Kleine Mengen Alkohol und milde Beruhigungsmittel erleichtern das Erreichen des Orgasmus, weil sie dazu beitragen, daß Überernsthaftigkeit und Sorgen abgebaut werden. Große Mengen Alkohol und starke Beruhigungsmittel verhindern den Orgasmus dagegen, weil sie die Ängste verstärken. Drogensüchtige und Menschen, die an Depressionen leiden, gelangen selten zum Orgasmus, weil sie von Angst erfüllt sind.

Aphrodisiaka, die geschlechtliche Erregung fördernde Mittel, können ebenfalls zum Orgasmus verhelfen. Für jene, die an solche Mittel glauben, stellen sie Placebos dar (lateinisch *placebo* = ich werde gefallen), also angenehme Scheinarzneien, durch die eingebildete Sorgen und Ängste beschwichtigt werden.

Manche Männer klagen über vorzeitigen Samenerguß. Er tritt meist bei jenen ein, die Sexualverkehr als Leistung auffassen. Die Angst, ihre Rolle als Liebhaber schlecht zu spielen, oder die Sorge, der Partnerin sexuell nicht genügend zu imponieren, ist häufig Ursache dieses Problems. Die beste Kur dagegen bestünde meiner Ansicht nach darin, den sexuellen Verkehr nicht als Wettkampf, Test oder Leistung, sondern als Spiel und Spaß anzusehen. Mit anderen Worten: Anstatt Liebe zu *machen*, sollten wir Liebe spielen oder die Liebe lieben.

Nach dem Orgasmus kommt es oft für zwanzig bis vierzig Minuten zu einer gewissen Starre, Reaktionsträgheit oder einer Art Bewußtlosigkeit. Dieser betäubungsähnliche Zustand entsteht aufgrund der durch Ängste und Sorgen vor dem Orgasmus vom Gehirn ausgeschütteten Opiate, die erst nach dem Höhepunkt des Orgasmus, wenn das sympathische Nervensystem nicht mehr vorherrscht, in Aktion treten. Die Opiate beeinflussen das limbische System, das Gefühlszentrum des Gehirns. Während ihrer Wirkungsdauer lassen sich durch Reize kaum Gefühle hervorrufen.

Zu reichliche Luftzufuhr durch zu heftiges oder zu tiefes Atmen vor und während des Orgasmus trägt ebenfalls zu dem halb bewußtlosen Zustand nach dem Orgasmus bei. Diese überreichliche Luftzufuhr hat einen Verlust an Kohlendioxyd im Blut zur Folge und ruft dadurch eine Art Unempfindlichkeit, ein Gefühl der Leichtigkeit, des Schwebens oder Fliegens hervor.

Sobald die Wirkung der Opiate endet, empfinden viele Menschen Melancholie, beängstigende Leere oder eine Depression, die man Erfolgsdepression nennen könnte. Diese Depression entsteht durch die Anmaßung und Einsamkeit, die ja ihrerseits ein Ergebnis der aufgrund des Erfolgs verstärkten Einbildung sind.

Es gibt Formen des Orgasmus, die nicht vom Sexualverkehr herrühren. Beim Übergang von starker Angst und bedrückender Spannung zu Sicherheit und völliger Entspannung – nachdem man einer Gefahr entronnen ist oder einen Schlag gegen das Ego überwunden hat – kann man eine Art Orgasmus erleben. Nach einem Torschuß lösen Fußballspieler zum Beispiel ihre Spannung in orgasmischen Schreien und Gebärden. Diesen folgt eine kurze Periode der Entspannung – durch die bei den Spielern ausgeschütteten Opiate –, während der die Mannschaft der Gefahr ausgesetzt ist, einen gegnerischen Torschuß nicht abwehren zu können.

Wissenschaftler und Künstler kennen den sogenannten *Heureka-Orgasmus*: Im Künstler oder Wissenschaftler kann sich ein starker Wunsch nach Materialisierung einer Idee entwickeln, der aber zu der Angst führt, daß sie sich nicht verwirklichen läßt. Diese Angst sorgt für die schöpferische Energie, beziehungsweise die Forscherenergie. Wird die Angst dann durch den Erfolg abgelöst, kann beim Künstler oder Wissenschaftler ein orgasmusähnliches Erleben eintreten, dem durch die Wirkung der Opiate ein Glücksgefühl folgt. Hört die Wirkung der Opiate auf, empfinden viele Künstler und Wissenschaftler ein Gefühl der Leere oder eine Erfolgsdepression. Viele Menschen machen diese Erfahrung auch, nachdem eine schwere, aufwendige, unter Termindruck auszuführende Arbeit (oder eine schwierige Prüfung) erfolgreich bewältigt worden ist, und zwar weil sich dann statt eines euphorischen Gefühls des Glücks und der Erleichterung eine eher deprimierende Leere ausbreitet.

Liebe zwischen unreif denkenden Männern und Frauen wird durch die beiderseitigen Bedürfnisse und ihr anmaßendes Denken gestiftet und gesteuert – idealisierte Egos lieben einander auf idealisierte Weise. Jedes der idealisierten Egos besitzt seine genaue Vorstellung vom passenden Idealtypus eines Partners. Der Mann wird eine Frau anziehend finden, die seinem Selbstgefühl schmeichelt, seiner Vorstellung von Männlichkeit, die sein Potenzgefühl verstärken kann oder zu seinem Ruf oder Ruhm beiträgt. Die Frau wird einen Mann anziehend finden, der ihrem gesellschaftlich und kulturell geprägten Ego zu Gefallen ist. In der Unsicherheit geistiger Unreife gefällt es dem Ego einer Frau oft, von einem Mann begehrt zu werden, der Bequemlichkeit, Sicherheit und Schutz bieten kann, denn dies verschafft ihr Beruhigung und bestätigt gleichzeitig das Ego dessen, der diese Annehmlichkeiten bereithält.

Die auf einer solchen *Schacherliebe* beruhende Verbindung, bei der es häufig zu Betrug und Mißverständnissen kommt, ist eine Bindung zweier entfremdeter, einsamer Menschen in einer Welt der Entfremdung und Einsamkeit. Da es sich hauptsächlich um ein Illusionsgeschäft handelt, verstärkt die Verbindung oft noch die Entfremdung und Vereinsamung.

Durch die Fortdauer von Isolierung und Einsamkeit in einer Ehe oder Verbindung bleiben auch Selbstsucht, Ichbezogenheit, Eigenliebe und Gefühllosigkeit bestehen, die ja alle durch die von der Einsamkeit erzeugten Ängste entstehen.

Da jugendlich-unreife Menschen sexbesessen sind, verbinden sie Liebe sehr eng mit Geschlechtsverkehr. Viele glauben ja, daß eine befriedigende Ehe oder Bin-

dung nur durch eine erfolgreiche Geschlechtsbezie-
hung, also auch erfolgreichen Orgasmus, möglich gemacht und am Leben erhalten wird. Viele Ehepaare oder
Lebensgefährten streben vor allem den gleichzeitig
erreichten Orgasmus an.

Unter Bestsellern finden sich viele Bücher, die sich
mit Sexualtechniken befassen und erklären, wie man
sexuell erfolgreich ist, und vor allem, wie man gleichzeitig mit dem Partner zum Orgasmus gelangt. Sozial-
arbeiter und Psychotherapeuten verbringen viel Zeit
damit, Ehepaare die Kunst eines erfolgreichen Sexual-
lebens zu lehren, um gefährdete Ehen zu retten.

Es ist eigentlich erschütternd, daß jugendlich-unreif
denkende Menschen selten imstande sind, eine Beziehung einzugehen, die nicht oder nicht nur auf dem
Geschlechtsleben beruht. FREUD behauptet sogar, Beziehungen zwischen Mann und Frau, die auf edler
Freundschaft oder gegenseitigem Verständnis, Achtung
oder echter Liebe beruhen, stellten nur eine Sublimie-
rung der Geschlechtsinstinkte dar.

Bei dem unreifen *Liebesgeschäft* bildet das Sexuelle
den hauptsächlichen Tauschgegenstand, die Hauptware. Indem wir das Geschlechtliche als Ware sehen,
wollen wir unbedingt einziger Eigentümer des Menschen sein, der uns gefällt. Diese Besitzgier führt zu
Eifersucht.

In unserem Zeitalter des *Konsumzwangs* wird die
Ware Sex geradezu gierig verschlungen.

Die für unreife Liebe benötigte Energie entstammt der
Angst, die wir bei der Begegnung mit unserem Ideal

empfinden, der Angst, ihn oder sie nicht erobern zu können oder nach erfolgreicher Verführung wieder zu verlieren.

Daß hinter unreifer Liebe Furcht steht, sieht man, weil Liebe eine Gefühlserregung ist, und Gefühlserregungen, wie früher dargelegt, aus der Angst hervorgehen. Die durch Verliebtheit geschaffene Gefühlserregung führt, wie jede andere Erregung, zu erhöhtem Blutdruck, verstärktem Pulsschlag, heftigerem Atmen, Verringerung der sinnlichen Wahrnehmungskraft und Beobachtungsgabe und herabgesetzter geistiger Tätigkeit.

Bei unreifer Liebe entsprechen die Hormonmenge im Blut und die Reaktion des Sympathikus auch der Hormonmenge und der Reaktion des sympathischen Nervensystems bei anderen Gefühlen, wie Angst, Agonie oder Haß, je nachdem, wie unser Ego auf die Erregung reagiert, die von der durch Liebe erzeugten Furcht ausgelöst wurde.

Die Abwesenheit eines geliebten Menschen kann die Angst erhöhen, ihn oder sie für immer zu verlieren. Dies äußert sich häufig in Schlaflosigkeit, Eifersucht, Zittern, Unsicherheit und Gereiztheit und reduziert die sinnliche Wahrnehmungskraft und Beobachtungsgabe sowie die geistige Tätigkeit weiter. Liebe kann so zu einer echten geistigen Störung werden. Je mehr wir fürchten, einen geliebten Menschen zu verlieren, desto leidenschaftlicher wird unsere Liebe und desto stärker die Störung.

Die Wiederkehr eines geliebten Menschen vermag einen Zustand des Entzückens auszulösen, und zwar

durch die Opiate, die während der Leidenszeit ausge-
schüttet wurden und erst Wirksamkeit gewinnen,
wenn Leid und Anspannung vorüber sind.

Den geliebten Menschen zu verlieren, kann unser
Ego so kränken, daß es zu übermäßiger Erregung
kommt, bei der wir völlig fühllos und wahrnehmungs-
unfähig werden und geistig kaum noch reagieren. Der
von solch übermäßiger Erregung erzeugte Streß nach
dem Verlust eines geliebten Menschen kann ernsthafte
psychosomatische Leiden oder Krebs verursachen.

Dieses übertriebene Leiden reizt den Hypothalamus
zu sehr und ist in der Lage, die Normalfunktion des
Appetitzentrums erheblich zu beeinträchtigen. Bei
manchen Menschen führt dies zu Desinteresse am
Essen, bei anderen zu Freßgier. Diejenigen, die in über-
mäßigem Essen Trost suchen, stürzen sich meist auf
Süßes – vielleicht, weil es sie an ihre Kindheit erinnert.
Im Leid neigen wir alle dazu, uns in die Kindheit zu
flüchten.

Eines der Hauptziele der unreifer Mentalität verhafte-
ten Männer ist die *väterliche* Liebe – ebenfalls eine
Erfindung jugendlich-unreifen Denkens. *Väterlich* lieben meint hier die lieben, die uns für allgewaltig halten,
die glauben, daß wir einzigartig sind, die uns bewundern und anbeten. Väterliche Liebe bezweckt, uns
durch Belohnen von bedingungsloser Unterordnung
und von Gehorsam und durch Bestrafen von Aufleh-
nung und Ungehorsam als Kinder zu halten, die geliebten Menschen daran zu hindern, reif und erwachsen zu
werden.

Echte Liebe kann man nur als reifer Mensch empfinden. Bei reifen Frauen und Männern entwickelt sich *mütterliche* Liebe. Was ist diese mütterliche Liebe? Sie sei hier als produktive Tätigkeit verstanden, die darauf abzielt, Kinder und Jugendliche zur Reife hinzuführen. Im Gegensatz zu väterlicher Liebe versucht die mütterliche Liebe, Hilflosen zu helfen, Verlorene zu führen, Bedürftigen beizustehen und Verängstigte zu schützen oder zu ermutigen, um sie zu reifen Menschen zu machen. Für Mutterliebe ist jeder Hilflose, Verlorene, Bedürftige oder Verängstigte ein Kind, das sich nach Beistand sehnt.

Brüderliche oder schwesterliche Liebe können je nach Selbstsucht oder Selbstlosigkeit unreif oder reif sein.

In einer von jugendlich-unreifer Denkweise regierten Welt gelangen die meisten Menschen nie zur Reife. Viele Mütter entwickeln nie mütterliche Liebe, sie lieben ihre Kinder nur mit berechnenden, unreifen Gefühlen.

Woher nimmt mütterliche Liebe die Energie für ihre produktive Tätigkeit und ihre Fürsorge, für all das Geben, Sorgen und Helfen?

Wenn wir reif und damit heiter und gelassen werden, fangen wir an, das Leben zu lieben; das ganze Leben um uns wird zu einem körperlichen Bestandteil unseres Selbst. Die Schmerzen eines anderen Menschen oder eines Tieres werden unsere eigenen Schmerzen, Angst, die andere empfinden, wird unsere Angst, und deren Unbehagen unseres. Reife Menschen beziehen ihre Energie für die mütterliche Liebe aus der Gefühlserregung, die der Schmerz, die Angst oder das Unbehagen anderer in ihnen bewirken. Reifes Denken und Empfinden erkennt intuitiv, daß alles im Leben miteinander verwoben ist und der einzelne nur heiter und gelassen sein und bleiben kann, wenn er von Heiterkeit und Gelassenheit umgeben ist.

Empfindsamkeit, Wahrnehmungsgabe und geistige Fähigkeiten reifer Menschen sind so gut entwickelt, daß sie am ganzen Leben vollkommen teilnehmen können. Deshalb spürt mütterliche Liebe auch das geringste Anzeichen davon, wenn jemand in Not ist, deshalb hört sie den leisesten Angstlaut.

Man sagt, geben heißt empfangen. Das stimmt wirklich. Wer gibt, verringert oder beseitigt die Ängste der in Not Geratenen. Dadurch vermindert sich auch deren Erregung und Anspannung oder diese lösen sich ganz auf. Als Folge davon schwächen sich Selbstsucht, Ichbezogenheit oder die panische Denk- und Verhaltensweise solcher Menschen ebenfalls ab oder verschwinden völlig. All dies weitet ihre Empfindsamkeit, Wahrnehmungskraft und ihr Denken, sie lernen andere besser zu verstehen und sich um sie zu sorgen und zu kümmern – auch in ihnen entsteht mütterliche Liebe. Geben hilft denen, die empfangen, reif und produktiv zu werden, und schließlich geben sie denen, die ihnen gegeben haben.

Selbstsucht, Ichbezogenheit, Eigenliebe und eingeschränktes Denken und Fühlen werden durch starke Gefühlserregungen hervorgerufen, die größtenteils auf eingebildeten Ängsten beruhen. Diese Ängste lassen sich durch Beseitigung der Anmaßung und Einbildung vertreiben. Humor hilft uns, solche Phantasien ins Wanken und unser aufgeblähtes Ego auf die Ebene unseres wahren Ich zu bringen. Humor baut Überernst, übertriebene Ansprüche und Hemmungen ab, bringt ein spielerisches Element in eine liebevolle Liebesbeziehung und gestaltet sie dadurch reicher und erfüllender. Indem Humor von der Ichbezogenheit wegführt, ermöglicht er es, daß wir uns dem anderen mit rücksichtsvollem Verhalten und echter Teilnahme zuwenden. Wir erkennen, daß Menschen, die sich unglücklich und bedrückt fühlen, dies auch auf ihre Umgebung übertragen, sozusagen *ansteckend* sind, und daß man nur glücklich werden kann, wenn man sich darum bemüht, andere glücklich zu machen.

Humor bringt uns aus Illusionen in die Realität zurück und zu der Einsicht, daß persönliche Zufriedenheit nur in einer zufriedenen Umwelt gedeihen kann.

9

Die »grausame Wirklichkeit«

Wir beklagen uns gern über die *Härte* des Lebens und die *grausame* Wirklichkeit, weil sie voller Gewalt, Haß, Intoleranz, Neid und Eifersucht sei. Deshalb schätzen wir uns glücklich, wenn wir imstande sind, dieser *grausamen Wirklichkeit* in eine Welt der Illusionen, Phantasien und Tagträume zu entfliehen, erkennen aber selten, daß diese irreale Welt die eigentlich *grausame* ist.

Die Wirklichkeit ist nicht grausam: sie ist voll Leben und Schönheit. Die Welt der Illusionen stellt hingegen eine Welt der Enttäuschungen und Desillusionierungen dar, also eine häßliche Welt.

In der Welt der Illusionen sehnt sich jeder danach, seine Tagträume Wirklichkeit werden zu lassen. Das Bemühen darum schafft aber erst die *grausame Wirklichkeit,* denn Tagträume können nur auf Kosten der Tagträume anderer Menschen realisiert werden. Jeder versucht, seine Tagträume zu verwirklichen, indem er die des anderen skrupellos ausnützt. Wenn unsere Tagträume zerstört werden, halten wir das für unfair, aber das Tagträumen selbst ist unfair: unfair gegenüber dem Tagträumen anderer, unfair gegenüber der Wirklichkeit, unfair gegenüber dem Leben. Um dies zu verhindern, sollte man wohl besser damit beginnen, sich der eigenen Tagträume und der Selbsttäuschungen bewußt zu werden und über sie zu lachen. Dies ist möglich, weil wir, wie schon der Dichter des *Faust*, JOHANN WOLFGANG VON GOETHE, sagt, ja nie getäuscht werden, sondern uns selbst täuschen.

Auf der Flucht aus der *grausamen Wirklichkeit* fliehen wir von einer Illusion oder einem Tagtraum, in dem wir ausgenützt oder desillusioniert wurden, in den nächsten.

Die heutige Welt ist eine Welt der ständigen Verwandlungen von Illusionen oder Tagträumen in andere. Ist der Gläubige von seinem Glauben enttäuscht, vor allem wenn er entdeckt, daß er ausgenützt wurde, wendet er sich mit neuem Eifer einem anderen Glauben zu, anstatt über sich selbst zu lachen.

Die negativste Seite der Illusionen und Tagträume besteht darin, daß sie uns meist daran hindern, reifer zu werden. Das Spiel mit der schöpferischen Denkkraft fasziniert uns einfach zu sehr. Dabei fällt uns aber kaum auf, daß Illusionen und Tagträume uns isolieren und unsere Unsicherheit und Einsamkeit und mit ihr Angst und Verzweiflung verstärken. Menschen, die sich hinter ihren Illusionen und Tagträumen verstekken, begreifen nicht, daß sie sich selbst schaden, sich des Reichtums des Lebens in all seinen Spielarten berauben. »Das Leben ist unendlich viel reicher, als man es sich erfinden könnte«, meint auch der große russische Romanschriftsteller FJODOR M. DOSTOJEWSKI (1821–1881).

Unzufrieden mit ihrer *grausamen Wirklichkeit* suchen viele Menschen die Lösung ihrer Probleme in der Geisteshaltung östlicher Weisheit. Ein Teil östlicher philosophischer und religiöser Tradition besteht darauf, daß der Mensch als göttliches Wesen das Reich der Wirklichkeit gar nicht beachten, sondern ignorieren solle. Oberstes Ziel ist die Wiedergewinnung dieses *göttlichen Selbst.*

Dieses Abwenden von der realen Welt schafft meines Erachtens jedoch eher eine traurige Situation, denn es verwehrt die Möglichkeit, lebendige Gemeinschaft und Vertrautheit zu erfahren. Auf dem Weg zu Vervollkommnung und Erleuchtung ist der Mensch allein.

Ich glaube aber, daß Humor und Lachen mehr Erleuchtung bringen können als jegliche östliche Weltflucht. Humor und Lachen bringen überschwengliche Freude und gesundes Interesse am Leben hervor (und Liebe zur Arbeit, möchte man hinzufügen, die von östlichen Heilslehrern verachtet wird, weil sie sie als degradierend ansehen; seltsamerweise meditieren jedoch nur die Männer des Ostens, ihre Frauen arbeiten).

Als weitere Möglichkeit, vor einer unbefriedigenden Gegenwartssituation zu fliehen, wird auch gern die Vergangenheit bemüht – sei es nun eine Epoche wie die Romantik oder ein Zeitraum im persönlichen Leben. Damit hindert man sich aber selbst daran, die Schönheit der Gegenwart zu entdecken. Und so ist, um mit

KIERKEGAARD zu sprechen, derjenige am unglücklichsten, der in der Erinnerung an die Vergangenheit oder in
der Hoffnung auf die Zukunft lebt, denn er ist unfähig,
die Gegenwart zu genießen.

Ein wenig Humor verschafft uns jene Gelassenheit,
die uns befähigt, den Tatsachen und realen Ereignissen
ihre häufig übertriebene Bedeutsamkeit zu nehmen.
Dann sieht die uns umgebende Wirklichkeit nicht
mehr so *bedrohlich* und abweisend aus, vor allem,
wenn wir durch Humor erkennen, wie viele positive
und glückbringende Ereignisse und Erlebnisse sich in
ihr begeben. Wir sind häufig geneigt, Gutes zu vergessen und uns nur an Unangenehmes zu erinnern. Dieses
aneinandergereiht, ergibt natürlich ein negatives –
wenn auch verzerrtes – Bild. Eine von Humor getragene
Lebenseinstellung läßt uns die Wirklichkeit so nehmen, wie sie ist, und manche von uns als Härten
empfundenen Situationen mit innerer Stärke, einem
Ruhen in uns selbst, meistern.

Ein heiteres, befreiendes Lachen schafft Augenblicke
des Einverständnisses mit uns und unserer Umgebung.
Fügen wir – statt der unangenehmen Erinnerungskette
– solche Augenblicke aneinander, zeigt das Leben plötzlich seine schönsten Seiten.

10

Emotionen, Erinnerungen und Sinn für Humor

Wir rühmen uns unserer Flüge zum Mond, wissen aber sehr wenig über jene Dinge, die das Leben auf der Erde verbessern könnten, wie etwa das Gedächtnis.

Durch welche biologischen, physiologischen, psychischen oder sonstigen Vorgänge wir etwas ins Gedächtnis aufnehmen und uns später daran erinnern, ist im einzelnen noch nicht genau bekannt. Meist wird das Erinnerungsvermögen als Fähigkeit erklärt, Ereignisse, die die Sinne unserem Gehirn vermitteln, zu registrieren, festzuhalten und sie später bewußt wieder in unser Bewußtsein zurückzuholen. Vielleicht können wir dieses Phänomen besser verstehen und damit auch nützen, wenn wir die Energie untersuchen, die dies bewirkt. Sich etwas merken oder sich an etwas erinnern, sind Tätigkeiten, und Tätigkeit bedeutet Energie.

Informationen und Geschehnisse müssen, um in

unser Gedächtnis einzudringen, drei Phasen durch-
schreiten: Reizung, Empfindung und Wahrnehmung.

Damit Reiz zu einer Empfindung wird, muß er von unseren Sinnen aufgenommen werden. Um von Ereignissen gereizt zu werden, ist ein Zustand der Reizbarkeit
oder Erregbarkeit erforderlich. Ein Reiz kann nicht empfunden werden, wenn unsere Sinne nicht empfindlich,
nicht wach, aufmerksam oder aufnahmebereit sind.

In Fachbüchern über Nervensystem und Gedächtnis
lesen wir, daß die Rezeptoraktivität eines genügend
intensiven und qualitativ ausreichenden Reizes bedarf.
Um durch einen Reiz aktiviert zu werden, muß der
Rezeptor jedenfalls im Zustand der Aufnahmefähig-
keit, also genügend wach und bereit sein. Wie intensiv
wir einen Reiz empfinden, hängt von dem Grad der
Wachheit und Aufnahmebereitschaft unseres sinnlichen Wahrnehmungssystems ab. Der gleiche Reiz kann
von derselben Person zu verschiedenen Gelegenheiten
in verschiedener Weise erfühlt und wahrgenommen
werden. Eine Empfindung geht erst dann in Wahrnehmung über, wenn sie durch unser Gehirn untersucht
und bewertet wurde. Um eine Empfindung als solche
erkennen zu können, muß unser Gehirn wahrneh-
mungsbereit sein.

Die Lebendigkeit und Lebhaftigkeit unserer Sinne
und die Wahrnehmungsfähigkeit unseres Gehirns sind
dynamisch. Sie variieren in bezug auf Reaktionsweise
und Intensität. Jedes Lebewesen befindet sich in einem
fluktuierenden Seinszustand, und jeder Seinszustand
besitzt sein eigenes Niveau der Wachheit und Wahrnehmungsfähigkeit.

Woher aber kommt die Energie, die wir für die Wachheit unserer Sinne und die Wahrnehmungsfähigkeit unseres Gehirns brauchen, für die Offenheit gegenüber neuen Ereignissen und die Bereitschaft zu neuen Erfahrungen?

Meiner Ansicht nach wird diese Energie durch die Grundängste ausgelöst, die wir als Spezies und als Individuum dieser Spezies erben. Wie ich bereits ausführte, sind Ängste die Hauptquelle von Bioenergie.

Wenn wir die Bioenergie in Menschen und Tieren verstärken wollen, versuchen wir doch, diese zu ängstigen. Feldwebel und Offiziere trachten die nervliche Energie zu erhöhen, indem sie die Befehle drohend brüllen, und machen damit erst die Ausführung der Befehle möglich. Wir schlagen oder peitschen Tiere, um ihre Leistung zu verbessern. In einer seltsamen Analogie schlagen wir sogar auf unsere Autos und Fernsehgeräte ein, wenn sie nicht funktionieren, und hoffen, die Funktion damit wiederherzustellen.

Die durch Gefühle der Verwundbarkeit, also Empfindlichkeit, und Ängste erzeugte Energie ermöglicht es unseren Sinnen, den betreffenden Reiz zu entdecken, und unserem Gehirn, ihn wahrzunehmen.

Da sich die Intensität unserer Gefühle je nach wechselndem innerem und äußerem Milieu verändert, versorgen uns Empfindlichkeiten und Ängste mit ständig wechselnden Energiemengen. Graduelle Unterschiede der Wachheit und Wahrnehmungsfähigkeit sind direkt von Veränderungen der Empfindlichkeit und Ängste abhängig.

Wie bei allen übrigen Lebewesen werden unsere

ursprünglichen Gefühle für Verwundbarkeit, unsere Urempfindlichkeiten und unsere Urängste hauptsächlich durch physiologisches Unbehagen und durch Bedürfnisse verursacht. Von den Tieren unterscheiden wir uns jedoch dadurch, daß eine große Anzahl unserer Empfindlichkeiten und Ängste selbsterdacht sind und sich die stärksten von ihnen aus unserer Flucht vor der Realität in die unsichere Gedankenwelt ergeben. Wir sind ja imstande, uns auch die düstere Angst vor dem Sturz aus einer idealisierten Gedankenwelt in eine wenig schmeichelhafte Realität auszudenken.

Die durch unsere Empfindlichkeit und Ängste geschaffene Energie bewirkt Neugier und Interesse und hält diese lebendig.

Was liefert uns aber nun die Energie, die es ermöglicht, eine wahrgenommene Information im Gehirn festzuhalten, sie zu einem Teil unserer Erinnerung zu machen? Es sind die Gefühlserregungen, die die für das Merken von Vorfällen notwendige Energie bereitstellen. Jede vom Gehirn wahrgenommene Information wird in unserem Gedächtnis auf der Wellenlänge der von ihr geschaffenen Gemütsbewegung registriert – auf der Energiefrequenz, die diese Information im Zusammenhang mit der bestehenden Gefühlserregung hervorbringt und die kurz vor Eingang der neuen Information durch die Ängste geschaffen wurde. Das bedeutet, daß unsere Erinnerungen ein Netzwerk von Energiebahnen sind, die durch Erregungen verschiedener Stärke im Gehirn aufgezeichnet wurden.

Belohnung und Bestrafung sowie anregende oder hemmende Konditionierung, die zum besseren Einprägen und besseren Lernen angewandt werden, rufen also Gefühle hervor, ohne die es kein Einprägen oder Lernen gäbe.

Daß das Erinnern mit Gefühlen verbunden ist, läßt sich ersehen, wenn bei Beschädigung oder Ausfall der emotionalen Gehirnzentren (des limbischen Systems und des zu ihm zählenden Hypothalamus) die Aufnahme neuer Ereignisse und die Erinnerung an Vergangenes stark beeinträchtigt werden.

In bestimmten Zellen des Gehirns werden Informationen gespeichert, die bei unterschiedlicher Intensität von Gefühlsenergie aufgezeichnet wurden. Die mit der Erinnerung befaßten Zellen müssen mit jenen eng verbunden sein, die am Sehvorgang beteiligt sind, denn ein Großteil der Informationen wird im Gehirn in Form von Bildern aufbewahrt. Da alle Zellen im Gehirn miteinander verbunden sind, nehmen nicht nur die Botschaften, die ihm durch die Augen zugehen, sondern auch die Botschaften von anderen Sinnen oft die Form von Bildern an. Die Erinnerung blinder Menschen besteht größtenteils aus kinästhetisch-taktilen Bildern (Bewegungs- und Berührungserinnerungen).

Die enge Beziehung der mit der Erinnerung befaßten Zellen zu jenen, die für das Sehen mitverantwortlich sind, muß es wohl ermöglicht haben, Vorstellungen, Analogien und Metaphern zu schaffen, die für unser schöpferisches Denken sehr wichtig sind. ARISTOTELES meinte zu Recht, daß das Verstehen immer von bildlichen Vorstellungen begleitet sei.

Auch unsere Wunschvorstellungen und Phantasien reizen die Sehzentren und nehmen daher ebenso die

Form von Bildern an. Durch Erregen von Gefühlen kann unsere Vorstellungskraft die Sehzentren im Gehirn stimulieren, und Vorstellungen können zu einem Teil unseres Gedächtnisses werden. Selbst die absurdesten Spekulationen über Dinge, die in Wirklichkeit nicht vorhanden sind, vergegenwärtigt sich unser inneres Auge. So besitzen wir zum Beispiel eine bestimmte Vorstellung von Hölle und Paradies. DANTE ALIGHIERI beschrieb in seiner *Göttlichen Komödie* beide sehr farbig und lebendig. Viele Menschen haben sehr lebhafte Visionen von ihren Utopien. Eine starke Gefühlserregung kann durch dauernde Reizung des Sehzentrums mystische Erscheinungen oder Erscheinungen von Geistern hervorrufen.

Ehe eine neue Information zu einem Teil unserer Erinnerung wird, untersucht und bewertet das Gehirn sie. Dies geschieht entweder mit Hilfe der Logik unseres Intellekts oder aufgrund persönlicher Interessen im Licht vergangener Erlebnisse, die auf derselben Gefühlsebene registriert wurden wie die neue Information. Wird die neue Information durch die Logik unseres Intellekts analysiert und bewertet und im Licht vergangener Erlebnisse eingestuft, so bewahrt das Gedächtnis sie als Gedanken oder Begriff auf, der eine objektive Wirklichkeit widerspiegelt. Wird sie dagegen mit vornehmlich persönlichem Interesse und im Licht von Erlebnissen analysiert und bewertet, die aus unserem Wunschdenken stammen, speichert unser Gedächtnis sie als Meinung oder Glauben, Annahme oder Hypothese.

In unserem Gehirn registrierte Vorfälle werden am

besten durch Erregungen wiederbelebt, deren Intensität jener entspricht, die das Ereignis in uns aufzeichneten. Das Hervorholen von Erlebnissen aus unserem Gedächtnis ist eine Art Echo in Form von geistigen Bildern, das die Energiewelle einer Gefühlserregung hervorrief.

Daß Erlebnisse aus der Vergangenheit durch Erregungen wiederbelebt werden, läßt sich am besten an Träumen zeigen. Die meisten Träume finden in der REM-Phase des Schlafs (REM = *rapid eye movements*, schnelle Augenbewegungen) statt, wenn die Erregungsschwelle bedeutend höher als in den übrigen Phasen liegt und das sympathische Nervensystem, Hauptquelle von Gefühlen, spürbar aktiv ist. Während der REM-Träume können wir die Reaktion der Augen, des Gesichts und des Körpers eines Schlafenden auf seine Gefühle hin beobachten. Es wird sogar behauptet, daß ein Baby im Mutterleib, das ja noch keine eigene Erfahrung besitzt, bereits REM-Träume hat. Meiner Meinung nach kann dies nur durch Erregungen geschehen, die von der Mutter auf das Kind übertragen werden.

Die Erinnerung läßt sich sogar durch Energieeinwirkung von außen wecken. Elektrische Stimulierung von Gehirnteilen kann Ereignisse zutage fördern, bei denen die Gefühlsenergie zum Zeitpunkt der Aufnahme dieses Ereignisses dieselbe Wellenlänge aufwies. Es ist bekannt, daß man starke Schmerzen an amputierten Gliedern spürt oder lokalisierbare Magenkrämpfe hat, obwohl das Geschwür dort schon geheilt ist (sogenannte *Phantomschmerzen*). Sie werden meist von Erlebnissen ausgelöst, bei denen dieselbe Gefühlsebene vorherrscht wie damals, als das Gehirn die Schmerzen registrierte.

Schüler, die ihre Hausaufgaben bei schriller Musik erledigen, erinnern sich in der Stille eines Schulraums nur schwer an das Gelernte. Wenn wir uns auf derselben Gefühlsebene befinden, in der wir lernten, holen wir das Gelernte besser wieder hervor.

Wieder nüchtern gewordene Menschen erinnern sich nur mit Mühe an Ereignisse, die sie bei Trunkenheit oder unter Drogeneinfluß wahrnahmen. Die Erinnerung kann jedoch zurückkommen, wenn sie den gleichen Zustand mit denselben Gefühlen wieder erreichen.

Tiefseetaucher können sich manchmal nach dem Auftauchen an die Wasseroberfläche nur schwer an die Erlebnisse unter Wasser erinnern.

Viele behaupten, ein Erinnerungs*aufhänger* könne den Zugang zum Gedächtnis erleichtern. Das ist richtig, aber nur, wenn dieser Aufhänger jenes Niveau der Gefühle erreicht, auf dem sich das Erlebnis dem Gedächtnis einprägte.

Die Umstände wiederherzustellen, unter denen gewisse Vorfälle stattfanden, hilft, sie sich in Erinnerung zu rufen – wie etwa der französische Schriftsteller MARCEL PROUST (1871–1922) sich an seine Kindheit erinnerte, wenn ihm ein bestimmter Duft in die Nase stieg.

Ein Grund, warum unser Erinnerungsvermögen im Alter abnimmt, mag – neben anderen Ursachen – auch darin bestehen, daß wir mit dem Altern die Fähigkeit oder Lust verlieren, gewisse Gefühle nochmals zu erleben. Dies verhindert das Wiederauftauchen von Erinnerungen, die an bestimmte Gefühle gebunden sind.

Alkoholiker können sich nur schwer neue Ereignisse merken und alte wieder hervorholen, weil bei ihnen das Gefühlszentrum des Gehirns sehr geschwächt ist.

Beruhigungstabletten vermögen die Leistung unseres Gedächtnisses einzuschränken, da sie das Erregungsniveau der Gefühle so stark senken, daß sich deren nützliche Wirkung verringert.

Wenn wir unangenehme oder verletzende Erlebnisse vergessen wollen, können wir starke Gefühlserregungen erzeugen. Bei manchen Menschen mit aufgeblähtem Ego führt dies unter Umständen sogar zu Haß gegen ihre Wohltäter. Durch die starke Erregung, die dieser Haß schafft, gelingt es ihnen dann, ihre Wohltäter oder deren gute Taten zu vergessen.

Während einer besonders starken emotionalen Krise sind Menschen sogar imstande, sich in einen teilweisen oder völligen Gedächtnisverlust zu flüchten. Dabei erreichen sie manchmal ein Stadium, in dem sie nicht einmal mehr wissen, wer sie selbst sind.

In Schrecksituationen kann unser Wahrnehmungssystem gelähmt werden. Wir erinnern uns daher selten an Ereignisse, die kurz vor schrecklichen Unfällen eintraten.

Das Leben eines Individuums ist eine Kette wechselnder Energiezustände. Dieses Auf und Ab wird hauptsächlich durch das sympathische Nervensystem geregelt. Das sympathische und das parasympathische System arbeiten meist gleichzeitig und gleichen einander den jeweiligen Umständen entsprechend aus. Diese so leicht veränderbaren, einander im Gleichgewicht haltenden Reaktionen versorgen uns mit einer Vielzahl von Gefühlszuständen. Wir wechseln ständig von einem instabilen Energiezustand zum nächsten, von einem schwankenden Gefühl zum anderen und von einer Erinnerungskette zur nächsten.

Was wir als Erinnerungskette bezeichnen, entsteht meist durch ein Aufeinanderfolgen von Gefühlszuständen. Kürzlich wahrgenommene Information weckt Erinnerungen an Ereignisse, die wir früher auf der gleichen Wellenlänge von Gefühlsenergie im Gedächtnis registrierten. Eine dieser hervorgeholten Erinnerungen kann ein weiteres Gefühl auslösen, mit dem sie bei einer anderen Gelegenheit verbunden war, und dadurch aus unserem Gedächtnisspeicher Ereignisse, Personen, Tiere oder Landschaften abrufen, die bei jener anderen Gelegenheit mit gleich intensiven Gefühlserregungen registriert wurden. Dies mag sich beliebig fortsetzen, und so entsteht in unserem Gehirn eine Folge von Bildern und Vorstellungen.

In Träumen bleibt diese scheinbar unzusammenhängende Aufeinanderfolge von Ereignissen oft ganz unverändert, bei völlig wachem Bewußtsein neigt unser subjektives Denken oder die Logik unseres Intellekts dazu, die Ereignisse zu einer zusammenhängenden Reihe von Bildern zu ordnen.

So sind wir im Grunde ständig andere Wesen, verschiedene Persönlichkeiten. Jeder Seinszustand bezieht sich auf die externe Welt mit den Ängsten und dem Unbehagen jedes einzelnen Augenblicks. Jeder Seinszustand besitzt sein eigenes Gleichgewicht zwischen dem

Sympathikus und dem Parasympathikus, seine eigene hormonelle Reaktion, sein eigenes Gedächtnis, seinen eigenen Gehirnzustand, seine eigene Denktätigkeit, seine eigene Logik und Vernunft. Schon ein geringer Temperaturwechsel kann ihn leicht beeinflussen. So äußert ein Mensch im Fieber oft sehr lyrische oder poetische Gedanken. Hohes Fieber kann bis zu Halluzinationen führen.

In jedem Seinszustand nimmt man nur das wahr, was im gegebenen Augenblick von Vorteil ist; für den nächsten Seinszustand ist es vielleicht nicht mehr vorteilhaft. Oft entdecken wir plötzlich etwas Nützliches und sind überrascht, es nicht früher bemerkt zu haben, obwohl es schon immer um uns war.

Jeder Seinszustand holt Erinnerungen aus der Vergangenheit hervor, die auf gleicher Gefühlsebene registriert wurden. So sehen wir zum Beispiel unsere Eltern jeweils in verschiedener Weise, je nachdem, in welchem Seinszustand wir uns an sie erinnern. Bei Fehlschlägen sehen wir sie vielleicht in negativem Licht, weil Fehlschläge unangenehme Erinnerungen wecken. In Augenblicken des Erfolgs und Ruhms erinnern wir uns eher positiv an sie, weil das Glücksgefühl die mit angenehmen Erlebnissen verbundenen Ereignisse in unserem Gehirn wiederbelebt. Unsere Vergangenheit ist wie eine Bibliothek, aus der wir die Bücher oder Zeitschriften wählen, die uns im jeweiligen Augenblick passend erscheinen.

Der Gefühlszustand anderer Lebewesen wird hauptsächlich durch biologisches Unbehagen oder biologische Bedürfnisse, durch Veränderungen des natürlichen Rhythmus und der Hormonausschüttung hervorgerufen, oder durch Informationen, die sie von der Außenwelt durch die Sinnes- und Wahrnehmungsorgane aufnehmen.

Menschen erleben viel mehr Gefühlsstadien als andere Lebewesen, nur sind wir uns dieser Stadien nicht immer bewußt, und von ihren feinen Unterschieden bemerken wir noch weniger. Eine große Anzahl dieser Gefühle wird durch den sechsten Sinn, unser Denken, bewirkt. Zwischen ihm und den Zentren, die unsere Gefühle steuern, besteht eine ständige Wechselwirkung. Durch Reizung des Hypothalamus, der seinerseits das vegetative Nervensystem und die Hormontätigkeit beeinflußt, können unsere Einbildungen und Phantasien eine endlose Zahl von Gefühlszuständen entstehen lassen. Hören wir Namen, Nachrichten, Geräusche, das Telefon oder die Türklingel, so kann unsere Einbildungskraft eine Veränderung des Gleichgewichts zwischen sympathischem und parasympathischem Nervensystem und damit eine andere Hormonausschüttung und ein neues Gefühl herbeiführen.

Viele Gefühlszustände lassen sich an spezifischen Anzeichen und an den durch die Gefühle ausgelösten biologischen Reaktionen erkennen. Manche dieser Reaktionen spiegeln sich im Gesicht wider, in unseren Augen, in Körperhaltungen, Gesten oder im Tonfall.

Die meisten Tiere strömen mehrere Gerüche aus, die jeweils einem spezifischen Gefühl entsprechen. Ein Raubtier wird zum Beispiel das nervöseste Tier im gejagten Rudel riechen und sich darauf stürzen. Den Geruch, den ein leicht zu fangendes Tier ausströmt, neh-

men die wachen Sinne des hungrigen Raubtiers gut
wahr. Düfte, die Weibchen vieler Arten bei sexueller
Erregung ausströmen, spielen eine wichtige Rolle für
die Fortpflanzung.

Kämpfe unter Tieren gleicher Art verlaufen selten
tödlich, da die Beteiligten äußere Anzeichen der jeweiligen Gefühle zu deuten wissen.

Gefühlsanzeichen werden für die sie Wahrnehmen-
den, das heißt diejenigen, die ihre Bedeutung verstehen,
zu Symbolen.

Vor der Entwicklung des affektiven Denkens regelten
unsere Vorfahren die Beziehungen untereinander vor
allem durch die Deutung der natürlichen Sprache.
Diese natürliche Sprache bestand aus den äußeren, vor
allem körperlichen Anzeichen für Gefühle.

In der vorbabylonischen Zeit müssen unsere Ahnen
eine natürliche Sprache besessen haben, die allen Angehörigen der Spezies vertraut war. In der *Genesis* steht zu
lesen: »Die ganze Erde war von einer Sprache und
Rede.«

Mit den selbstdachten Ängsten und damit verbundenen psychosomatischen Erregungen entstanden auch
neue Gefühle, die sich anfangs hauptsächlich in unartikulierten Lauten ausdrückten und sich erst allmählich
zu Sprache wandelten. Die Weiterentwicklung des Gehirns ermöglichte schließlich Grammatik und Satzbau,
mit deren Hilfe sich die neu entstandenen Gefühlserregungen auch sprachlich formulieren ließen.

Man weist den Sprachzentren gerne bestimmte Ge-
hirnzonen zu. Es sei jedoch betont, daß die für Sprache
und deren Anregung und Lautgebung nötige Energie

durch Gefühlserregungen erzeugt wird. Viele Sprachfehler und die meisten Formen der Sprachlosigkeit beruhen vor allem auf starken Gefühlserregungen. Der Sinn für Humor kann daher die beste Medizin bei der Heilung von Sprachfehlern sein, denn durch Entdramatisierung überernsten emotionalen Denkens werden die Gefühlserregungen herabgesetzt.

Als Beweis dafür, daß Sprache eng mit Gefühlserregung verbunden ist, mag die Einführung von Euphemismen, also Beschönigungen, gelten. Seit Beginn der Sprachentwicklung wurden Namen und Worte zur Beschreibung angsteinflößender Gottheiten, Ereignisse und Krankheiten oder des Todes gemildert und sentimentalisiert. Hauptzweck der beschönigenden Worte und Namen für starke Empfindungen war und ist es, die furchterregenden, geheimnisvollen Mächte oder magischen Kräfte, für die sie stehen, zu besänftigen oder die mit ihnen verbundenen Ängste zu beschwichtigen.

Je ängstlicher die Menschheit wird, um so reicher wird die Sprache an Euphemismen. Die allgemeine Tendenz, Worte und Namen mit negativen oder unangenehmen Assoziationen zu mildern, hat gelegentlich komische Züge angenommen. Um die Schwiegereltern wohlwollend zu stimmen, nennen die Franzosen sie *beaux-parents*, schöne Eltern. Um die Angst vor dem Alter zu verringern, prägte man den Ausdruck *goldene Jahre*. Anstatt das von vielen Menschen gefürchtete Wort *tot* zu verwenden, sagt man auch, *er ist dahingegangen* oder *in anderen Gefilden*.

So wie sich die selbstgeschaffenen Empfindlichkeiten von Mensch zu Mensch unterscheiden, variiert auch der stimmliche und sonstige Ausdruck dieser Gefühle.

Trotz der ständigen Verbesserung des Wortschatzes in der nachbabylonischen Ära entstehen sogar bei gleicher Sprache und gleichen Worten oft Verständigungsschwierigkeiten und Mißverständnisse. Dies vor allem deshalb, weil unsere verbale Ausdrucksweise und -möglichkeiten immer noch unzulänglich sind und die wahre Bedeutung der vielfältigen Gefühle und deren noch zahlreichere Feinheiten nicht zu vermitteln vermögen. Diese Verständigungsschwierigkeiten und Mißverständnisse werden wohl erhalten bleiben, da die Zahl der Gefühlszustände stärker zunimmt als das Vokabular, mit dem wir sie ausdrücken können. Je stärker die Gefühlserregungen, um so weniger werden sie durch Worte, sondern um so mehr durch Gebärden oder Schreie vermittelt.

Die Verschiedenartigkeit der Gefühlserlebnisse von einzelnen Menschen tragen noch zu den Verständigungs- und Verständnisproblemen bei. Wir können andere nur verstehen, wenn wir ihre Gefühle verstehen, und ihre Gefühle können wir nur dann verstehen, wenn wir ähnliche Gefühle erleben oder erlebt haben. Die meisten tragischen Begebenheiten entstehen durch Mißverständnisse. Ein Großteil unserer Verständigung beruht entweder auf abstrakter Spekulation oder darauf, daß wir versuchen, die Bedeutung der Worte, Meinungen und des Verhaltens anderer zu erraten. Dies muß der englische Philosoph FRANCIS BACON (1561–1626) wohl empfunden haben, wenn er meinte, daß Worte alles verwirrten und die Mensch-

heit in zahllose unnötige Kontroversen und Trug-
schlüsse führten.

Die Entwicklung des affektiven Denkens und seiner
abstrakt geschaffenen Werte und Ängste brachte bei
den verschiedenen Menschengruppen auch verschiedenartige Gefühlserregungen und unterschiedliche Formen eines kollektiven Gefühls der Verwundbarkeit
hervor. Diese Menschengruppen entwickelten bei der
durch verschiedenartige Lebens- und Klimabedingun-
gen oder die unmittelbare Umgebung beeinflußten Suche nach Worten unterschiedliche Sprachen und Dia-
lekte derselben Sprache.

Es ist interessant festzustellen, daß bestimmte sehr
aggressive Menschengruppen mehrere Wörter für Töten, Schlagen oder Stoßen erfunden haben, dagegen
wenige oder keine für Dankbarkeit oder Freundlich-
keit. Manche Sprachen übernahmen zum Beispiel einfach das französische *merci*, um Dank auszudrücken.

Wie kann nun Sinn für Humor unser Gedächtnis und
unsere Lernfähigkeit stärken?

Lernen oder der Erinnerung einverleiben läßt sich
etwas nur mit Hilfe von Gefühlserregungen, diese beruhen, wie ich bereits darlegte, auf Empfindlichkeiten
und auf Ängsten. Als Individuen einer Spezies besitzen
wir ein natürliches, optimales Maß an solchen Empfindlichkeiten und Ängsten, einen natürlichen, optimalen Ausgleich zwischen sympathischem und parasympathischem Nervensystem sowie ein natürliches,
optimales Maß an endokriner Drüsentätigkeit. Dieses
Optimalmaß an Ängsten schafft ein optimales Maß an

Gefühlserregungen, an Wachheit, Wahrnehmungsfähigkeit und Lernfähigkeit.

In diesem optimalen Rahmen stehen unsere Wachheit und Wahrnehmungsfähigkeit dem inneren und
äußeren Milieu in der für unser eigenes Überleben und
das unserer Spezies bestmöglichen Weise offen.

Diese optimale Ausgangslage macht uns dem Lernen gegenüber aufnahmefähig. Unser Gedächtnis und
das Lernen orientieren sich an der objektiven Wirklichkeit, was die bestmögliche Anpassung an die Außenwelt gewährleistet. In diesem optimalen Rahmen
der Erregbarkeit findet unser vernünftiges Denken
statt.

Unser natürliches, optimales Maß an Gefühlserregungen wird jedoch durch unsere erdachte Welt ständig eingeengt. Dies schwächt die Gefühlserregungen
ab und schränkt das Gefühlsspektrum und unsere
Teilnahme am wirklichen Leben ein, weil dadurch
auch unsere Wachheit und Wahrnehmungsfähigkeit
abnehmen.

Zur Einengung des Gefühlsspektrums kommt es
hauptsächlich durch die spekulative und künstliche
Verringerung unserer angeborenen Empfindlichkeiten
und Ängste. Unser affektives Denken ist imstande,
Desinteresse, Gleichgültigkeit oder Resignation zu erfinden, die alle die Reaktion des sympathischen Nervensystems unter das optimale Maß senken und damit
einen fühllosen oder apathischen Zustand schaffen.

Um unsere ererbten Empfindlichkeiten und Ängste
abzuschwächen, ist unser Gehirn auch imstande, ein
fiktives Sicherheitsgefühl oder Selbstvertrauen hervor-

zubringen, das unsere Empfindlichkeit in völlige Unempfindlichkeit umwandeln kann.

In fortgeschrittenem Alter entwickeln wir ein gewisses Routineverhalten, das unsere Urempfindlichkeiten
und Urängste verringert und auch unsere Wachheit und
Wahrnehmungsfähigkeit unter das optimale Maß senkt.
Im Spektrum geringer Gefühlserregungen sind Lernen
und Gedächtnistätigkeit oberflächlich und von kurzer
Dauer. Ereignisse, die mit geringer Gefühlsenergie verbunden sind, können sich entweder nicht in unser
Gehirn einprägen, oder sie bleiben nur für kurze Zeit
oberflächlich eingeprägt und schaffen dadurch nur ein
labiles Gedächtnis.

Außerhalb des Optimalbereichs bestehen mehrere
Spektren, nämlich ein Spektrum an starken, selbstgeschaffenen Erregungen, ein Spektrum des Ausgleichs
zwischen sympathischem und parasympathischem
Nervensystem und ein Spektrum mit starker Tätigkeit
der mit dem sympathischen Nervensystem verbundenen endokrinen Drüsen. Diese starken Erregungen werden durch Erhöhung unserer Empfindlichkeit und unserer Angst hervorgerufen, und zwar meist dann, wenn
wir aus der Realität in die Welt der Einbildungen,
Ideologien und Phantasien flüchten. Jede Flucht in die
unsichere Welt der selbstgeschaffenen Idealisierungen
oder Überansprüche verstärkt die Angst.

Starke Erregungen werden auch noch auf andere
Weise erzeugt. Jede physiologische Fehlfunktion unseres vegetativen Nervensystems, jede Unregelmäßigkeit
im Hormonhaushalt, jeder körperliche Schmerz und
jedes Unbehagen bewirken einen gewissen Gefühlszu-

stand. Viele an Hypochondrie leidende Menschen können die Intensität einer solchen Erregung noch verstärken, indem sie sich wegen dieser körperlichen Mängel oder Störungen übermäßig sorgen. Wie schon gesagt, fühlt sich ein aufgeblähtes Ego durch Schmerz oder Unbehagen selbst beleidigt, und ein beleidigtes Gemüt leidet dann oder fühlt sich frustriert.

Das biologische Unbehagen, das manche bei Vollmond empfinden, kann ebenfalls starke Erregung hervorrufen. Ein großer Teil unseres Körpers besteht – rein quantitativ – aus Wasser, und viele Menschen fühlen bei Vollmond eine gewisse *Überflutung*, die zu Spannungen und Beschwerden führt. Eingebildete Menschen neigen aber dazu, ihre Gefühle zu überdramatisieren, was sie schließlich in große Angst oder Depression versetzen kann.

Starke Ängste können sich so festsetzen, daß sie zu einem strukturellen Teil des Gehirns werden und dauernd übertriebene Minderwertigkeits- und Verwundbarkeitsgefühle hervorrufen.

Haben sich starke Ängste in unser Gehirn eingeprägt, werden Wachheit und Wahrnehmungsfähigkeit ständig herabgesetzt. Eine in unsicherem Seinszustand wahrgenommene Information verstärkt leicht Ängste, und zwar aus folgendem Grund: Ein Mensch, der sich in Einbildungen und Phantasien geflüchtet hat, wird in seiner Unsicherheit nur Informationen wahrnehmen, die seine Einbildungen oder Phantasien unterstützen oder begünstigen. Dies verstärkt seine Einbildungen und Phantasien natürlich noch. Wer fanatisch an etwas glaubt, wird aus einem Buch nur das herauslesen, was mit seinem Glauben übereinstimmt – das führt ihn aber noch weiter von der Wirklichkeit weg. Er wird in seinem Gedächtnis nichts festhalten, das seiner Einbildung entgegensteht, denn dies würde ja seine Gefühlserregung so steigern, daß seine Wahrnehmungsfähigkeit völlig gelähmt ist.

Bei gewissen starken Erregungen fühlen wir uns von allem bedroht. In diesem Zustand beginnen wir auch in unseren negativen Erinnerungen und Gedanken zu wühlen. Das verstärkt oder verschlimmert die Angst und die Depressionen, die gewöhnlich mit starken Gefühlserregungen einhergehen, aber nur noch mehr.

Manchen Menschen gelingt es, sich so fühllos zu machen, daß sie auf einem Brett mit Nägeln liegen oder über glühende Kohlen gehen können, ohne Schmerz zu empfinden. Um dies zu erreichen, steigern sie die Tätigkeit ihres Sympathikus und damit ihre Gefühlserregungen willentlich, während ihre sinnliche Wahrnehmungskraft abnimmt.

Manche dieser stark erhöhten Erregungen können in Verbindung mit der Opiatausschüttung des Gehirns eine gehobene Stimmung oder die Illusion eines Schwebezustands erzeugen.

Mystische Erlebnisse würde ich ebenfalls hier einreihen. Sie beruhen auf gewissen starken Erregungen, die vor allem bei intensiven Einbildungen glühender Fanatiker entstehen.

Bei starken Erregungen kann eine plötzliche zusätzliche Angst zu epileptischen Anfällen führen. Ab einem bestimmten, hohen Erregungsniveau kann zusätzliche Angst auch in den Selbstmord treiben.

Durch übermächtige Angst bewirkte außergewöhnlich starke Gefühlserregungen können zu Panik, Schrecken, Trancezuständen oder Bewußtlosigkeit, völliger Fühllosigkeit und Wahrnehmungsunfähigkeit führen.

Biologisch gesehen besteht eine der Hauptaufgaben des Gedächtnisses darin, die Angst vor der Gegenwart und der Zukunft mit Hilfe von positiven vergangenen Erlebnisse zu reduzieren. Ereignisse der Vergangenheit können aber die Ängste vor der Gegenwart und der Zukunft nur dann mildern, wenn sie durch Gefühle geschaffen wurden, die sich damals im optimalen Erregungszustand befanden, denn nur dann stellen sie echte und nützliche Erfahrungen dar.

Wir neigen dazu, Gefühle und Erinnerungen in positive und negative, aufregende und deprimierende, angenehme und unangenehme einzuteilen. Diese Einteilung wird vor allem durch unser Denken bestimmt. Natürlich betrachtet unser affektives Denken eine Gefühlserregung als positiv, aufregend oder angenehm, wenn die ihr zugrunde liegenden Ereignisse unser Ego befriedigen oder erfreuen oder wenn sie zur Bedeutung oder dem Wert unseres Ego beitragen. Wir mögen Dinge und Personen, wenn sie mit Ereignissen verbunden sind, die sich gut in unsere Vorstellungswelt fügen. Wären Ereignisse oder Umstände, die eine ebenso intensive Gefühlserregung hervorrufen, schädlich oder kränkend für unser Ego, würden wir diese Gefühlserregung als negativ, bedrückend oder unangenehm einstufen. Wenn Menschen und Dinge mit Ereignissen zusammenhängen, die unser aufgeblähtes Ich herabsetzen, empfinden wir Abneigung. Je nach unserer Reaktion auf die Ereignisse, die eine Gefühlserregung bewirken, kann eine gleich starke Empfindung jeweils freudige Aufregung oder Ärger, Liebe oder Haß, Zorn oder ein Glücksgefühl hervorrufen.

Ein starker Reiz kann leicht zu körperlichem Unbehagen oder zu Schmerzen führen. Tragen sie aber zu unserer Auffassung von Ästhetik bei oder erhöhen sie das Gefühl unserer Wichtigkeit, Würde oder Eitelkeit, so vermögen wir körperliches Unbehagen, Schmerzen oder selbstverursachte Pein jedoch als positiv anzusehen.

Schon im fünften Jahrhundert vor Christus wies der Arzt HIPPOKRATES darauf hin, daß unser Vergnügen, unsere Freuden, Lachen und Späße ebenso wie unsere Sorgen, Schmerzen, Trauer und Tränen nur aus dem Gehirn kämen.

Sinn für Humor könnte diese dualistische Trennung der Gefühle durch eine gelassene Grundstimmung ersetzen und uns ein übertrieben positives, aufregendes oder angenehmes Gefühl ebensowenig ernst nehmen lassen wie ein übertrieben negatives, deprimierendes oder unangenehmes Gefühl. Denn beide schädigen nur unsere körperliche und vor allem unsere geistig-seelische Gesundheit. (Nicht wenige Geisteskrankheiten sind ja das Ergebnis starker eingebildeter Gefühlserregungen.) Sinn für Humor kann dazu beitragen, daß Gefühlserregungen im körperlich und geistig optimalen Bereich bleiben.

Mit starken Gefühlen verbundene Erinnerungen sind meist fixe Ideen, die der objektiven Wirklichkeit nicht standhalten können, und dies führt zu Spannung und Aggression. Ein *Déjà-vu*-Erlebnis (man glaubt, etwas schon einmal erlebt zu haben, ohne daß es möglich scheint) hat bei normaler Gefühlslage die beruhigende Wirkung einer altvertrauten Situation, bei übersteigerten Gefühlen wirkt es hingegen bedrohlich.

Das menschliche Denken schafft sich in seinem Selbstbetrug eine Absurdität: Wer aus der Realität in eine Phantasiewelt flüchtet, um ein erfüllteres und interessanteres Leben zu führen, erreicht genau das Gegenteil seiner Hoffnungen. Wir fürchten, daß unser Zufluchtsort durch die Realität lächerlich gemacht oder entwertet werden könnte. Diese Furcht setzt allerdings unsere Wachsamkeit und Wahrnehmungsfähigkeit herab und schränkt so die Teilnahme am realen Leben ein. Die Vorstellung von Sicherheit, die die Menschen manchmal in einem eingebildeten oder Phantasierefugium haben, ist hauptsächlich auf die durch die erwähnte Angst reduzierte Empfindlichkeit zurückzuführen.

Wenn wir der Wirklichkeit entfliehen, entfliehen wir der Zeit. Auf dieser Flucht besitzt die Zeit keine Dauer, weil sie nicht von Lebenserfahrung erfüllt ist. Im Gedächtnis festgehaltene Zeit besteht aus einer Vision realer Erlebnisse.

Perioden echter Schwierigkeiten und Entbehrungen dauern länger als ebenso lange angenehm verbrachte Zeit. Der Realitätssinn, der uns durch echte Schwierigkeiten und Entbehrungen aufgezwungen wird, erlaubt uns nicht, in die Welt der Träume und Phantasien zu entfliehen, uns von Zeit und Leben abzuwenden. Bei besonders starker Verblendung können das Hier und Jetzt sogar völlig aus dem Blickfeld verschwinden.

Sinn für Humor sorgt für etwas Abstand und führt uns vor Augen, daß wir unsere ererbten Uremfindlichkeiten nur künstlich oder spekulativ verringern oder auslöschen möchten. So hilft er uns, von den zu schwachen, unechten Gefühlen wieder zu starken, echten zu gelangen.

Sinn für Humor läßt unsere Selbstgefälligkeit und unsere selbstgeschaffene Welt des Wunschdenkens und der Phantasien schrumpfen und verhindert damit, daß wir uns von starken Ängsten beherrschen lassen. Der Sinn für Humor hilft uns, im optimalen Gefühlsbereich und dadurch mit der Wirklichkeit in Berührung zu bleiben. Er trägt dazu bei, daß wir aus der realen Welt und dem realen Leben lernen.

Starke Angstgefühle lenken unser ganzes Interesse nur darauf zu lernen, wie wir uns noch weiter in die Irrealität flüchten können, in eine Welt noch größerer Einbildungen und Phantasien. Sie wecken unsere Fähigkeit zum Selbstbetrug und stellen uns vor die Frage: Was kann uns nun bei unserer Flucht in eine Welt der Einbildungen und Phantasien nützen, was kann uns dienlich sein, noch weiter vor der realen Welt zu fliehen?

Die einzige Antwort, die sich meines Erachtens darauf anbietet, lautet: Lügen und Täuschungen, denn sie stellen den Nährboden für Einbildungen und Phantasien dar.

PLATON (427–347 v. Chr.), einer der größten Fürsprecher einer idealisierten Gedankenwelt, sprach sich offen für Täuschungen aus. Er bezeichnete sie als nützliche Lügen.

Wenn wir den selbstgeschaffenen Ängsten durch Lügen und Täuschungen entfliehen, verstärken wir dadurch nur unsere Ängste. Dies hat ein Bedürfnis nach weiteren Lügen und Täuschungen zur Folge, die noch schlimmere Ängste mit sich bringen. Von Ängsten beherrschte Menschen gleichen Drogensüchtigen: Je mehr sie von Ängsten erfüllt sind, um so mehr benötigen sie diese. Das ist sicherlich auch ein Faktor, den sich Träger von Ideologien zunutze machen. Sie wissen, daß ängstliche Menschen sich nach Lügen und Täuschungen sehnen, und versorgen sie großzügig mit falschen Versprechungen und Propaganda.

Wir benützen unser neues Gehirn und seine unermeßlichen schöpferischen Fähigkeiten zur Erregung von Ängsten und versuchen dann, die Ängste durch Lügen und Täuschungen wieder zu beschwichtigen.

Wenn Menschen unter Regimen leben, die auf Lügen und Täuschungen aufgebaut sind, gelangen sie in eine seltsam absurde Situation: Sie lernen Unwissenheit, sie lernen, wie man der Wahrheit ausweicht, und sie lernen, wie man sich selbst betrügt. Wer in einer Welt der Einbildungen lebt, neigt zu noch übertriebeneren Phantasien. Die Alternative zu Einbildungen sind für den, der an sie glaubt, nur noch größere Einbildungen.

Der Unterschied zwischen echtem und gelerntem Unwissen besteht darin, daß den wirklich Unwissenden in seiner Bescheidenheit eher eine intuitive Vernunft leitet, während derjenige mit gelerntem Unwissen sich durch eine Ideologie immer mehr verführen läßt.

Ein großer Teil der Menschheit muß ja unter dem Diktat von Ideologien leben.

Woher nehmen Ideologen ihre Verführungskraft und Energie? Ihr Einfluß gelingt wohl nur durch die Angst vor dem Feind. Ohne Feindbild können Ideologien nicht bestehen. Darum schaffen ideologische Anführer einen furchterregenden Teufel und kultivieren dieses Monster, das ihre Ideologie und ihr Leben bedrohe – ein Leben, das sich eigentlich nur aus Lügen und Täuschungen aufbaut. Eine Ideologie erhält ihre Verführungskraft also dadurch, daß sie vorgibt, Schutz gegen eine erfundene Gefahr oder einen erfundenen Feind zu bieten. Sobald diese Gefahr oder der Feind nicht mehr existieren, erfinden die Ideologen eine weitere, noch drohendere Gefahr, einen weiteren, noch schrecklicheren Feind.

Eine Ideologie bedarf schon deshalb eines Feindes, um jemandem die Schuld dafür anlasten zu können, daß die utopischen Versprechungen sich nicht erfüllen. Schließlich liegt es im Wesen der Ideologie, zu versagen.

Die Verfechter einer Ideologie sind auch ständig gezwungen, gegen die äußeren Feinde Krieg zu führen, um die Dissidenten in den eigenen Reihen zu beseitigen.

Haß auf den Feind der Ideologie macht die Menschen zu Gefangenen der ideologischen Führer. Haß macht blind, und Blinde brauchen Führung. Blind vor Haß gehorchen die Leute automatisch den Befehlen ihrer Behörden. Ein Blinder findet Frieden im Gehorsam, denn hier liegt sein Gefühl der Zugehörigkeit und des Beschütztseins. Verbunden mit der Angst, die Diktaturen schaffen, hat der politisch nützliche Feind- und Haßkult eine wesentliche negative Folge mit sich gebracht, nämlich eine deutliche Schwächung der Urteilskraft, die ja wichtigste Voraussetzung für echtes Lernen ist. Bei starken unechten Gefühlen begreift man nur die von ihnen geschaffene Sprache, ihr Verhalten und ihre Logik, und kann Sprache, Verhalten und vernünftige Logik, die im optimalen (normalen) Gefühlsbereich entstehen, nicht erfassen.

Wer ständig unter dem Einfluß einer Ideologie lebt, wird gegen ideologische Erziehung jedoch immer mehr immun. Denn der durch die Ideologie verursachte dauernde Angstzustand zwingt viele Menschen, in Apathie, zynische Distanz, Resignation oder ins gesellschaftliche Abseits zu flüchten, in Desinteresse am Lernen und in ein schwaches Gedächtnis.

Nur eines könnte diese Menschen wieder ins Leben zurückholen, und das ist der Sinn für Humor. Aber Sinn für Humor wird von allen Ideologen wohl als das schlimmste aller Vergehen angesehen.

Sinn für Humor könnte auch den Alten, Invaliden und chronisch Kranken helfen. Aufgrund ihrer schlechteren körperlichen Verfassung verstärken sich ihre Ängste und bringen sie in Gemütszustände, die ihre unangenehmsten oder schrecklichsten Erinnerungen wiedererwecken. Innere und äußere Erlebnisse wirken oft beängstigend auf sie. Sinn für Humor könnte durch Schaffung einer besseren Ausgangslage, einer besseren

Stimmung und fröhlicheren Laune angenehmere Erinnerungen wachrufen.

Humor hilft uns, die positiven Seiten des jetzigen Lebens zu sehen und angenehme Erinnerungen zu schaffen, die wir uns später ins Gedächtnis zurückrufen können.

11

Humor und Schwangerschaft

In seinen *Quaderni* legte der geniale LEONARDO DA VINCI einige Gedanken über die Schwangerschaft nieder, aus denen hervorgeht, daß er einen engen Zusammenhang zwischen dem Fühlen und Denken der Mutter und der Entwicklung des Kindes sieht: »*Eine* Seele regiert die zwei Körper... Was die Mutter wünscht, prägt sich oft dem Kind ein, das die Mutter zur Zeit des Wunsches trägt... Der Wille, der große Wunsch, die Angst der Mutter oder ihre Seelenqual haben mehr Macht über das Kind als über die Mutter, da das Kind oft dadurch sein Leben verliert.« Seither hat wohl kaum jemand Besseres über das interessante Thema der embryonalen Entwicklung gesagt.

Während der Schwangerschaft können Neurotransmitter und Hormone, die bei Angst und Sorge im Körper der Mutter entstehen, und vor allem, wenn Angst und Sorge länger anhalten, in den Embryo übergehen. Sie können die Entwicklung der Gefühlszentren und das

Gedächtnis des Kindes beeinflussen und es für die Ängste und Sorgen, an denen die Mutter litt, später besonders empfänglich machen.

Daß unsere glücklichsten Augenblicke die im Uterus waren, ist ein Mythos. Denn auf ein Kind im Uterus stürmen die durch Gefühlserregungen der Mutter ausgelösten Ängste ein, und das fast ununterbrochen, da die Mutter während der Schwangerschaft ja besonders sensibel ist.

Am sogenannten REM-Schlaf des Embryos sieht man deutlich, daß die Gefühle der Mutter auf das Kind in ihrem Leib einwirken. Ein Kind im Uterus bewegt die geschlossenen Augen sehr oft und sehr lange.

Woher kommt die Energie für diese Bewegungen? Meiner Ansicht nach kann sie nur von den Ängsten der Mutter herrühren. Diese Ängste stimulieren die Gefühlszentren im kindlichen Gehirn. Die Stimulierung der Gefühlszentren aktiviert Sehrinde und Sehnerv, die direkt mit den Gefühlszentren verbunden und für die Augenbewegungen während bestimmter Phasen des Schlafs verantwortlich sind.

Unsere instinktiven und ererbten Ängste lassen sich meines Erachtens ebenfalls nur aus der Übertragung mütterlicher Ängste erklären. Viele Tiere erkennen gleich nach der Geburt Gestalt und Bewegungen ihrer natürlichen Feinde, deren Geräusche und Gerüche, die sich während der vorgeburtlichen Entwicklung in ihr Gedächtnis eingeprägt haben müssen.

Ich glaube, daß wir durch die Ängste unserer Mütter vor Tabus auch gewisse kulturelle oder religiöse Einstellungen erben.

Unsere ererbten Ängste lassen sich also an dem häufigen REM-Schlaf der Neugeborenen erkennen, der ein eindeutiges Zeichen dafür ist, daß das sympathische Nervensystem und das Adrenalorgan stärker arbeiten. Frühgeborene haben mehr Angst als über die normale Zeit ausgetragene Babys, weisen daher auch mehr REM-Schlaf auf. Der REM-Schlaf nimmt rund achtzig Prozent des gesamten Schlafs eines zehn Wochen zu früh geborenen Kindes ein und etwa fünfundsechzig Prozent bei zwei bis vier Wochen zu früh Geborenen.

Wissenschaftler haben festgestellt, daß Kinder alkoholsüchtiger Mütter mehr zu geistigen Störungen neigen als solche, deren Mütter während der Schwangerschaft keinen Alkohol tranken. Ich würde annehmen, daß diese geistigen Störungen wohl ebenso eine Folge von Ängsten oder emotionalem Streß der Mutter (die sie zum Alkohol führten) sind.

Wenn es eindeutig feststeht, daß die negativen Gefühle einer schwangeren Frau beim Kind organisch bedingte Gemütslabilität, psychische Leiden, sexuelle und Persönlichkeitsprobleme hervorrufen können, dann sollten positive Gefühle der werdenden Mutter eigentlich auf das Entstehen besser angepaßter Kinder, einer gesünderen Menschheit und von Menschen mit viel weniger körperlichen und emotionalen Problemen hinwirken.

Ich bin sicher, daß eine der wichtigsten Zukunftswissenschaften die vorgeburtliche Psychologie sein wird, da die Erlebnisse des Embryos im Uterus das spätere Leben und die Persönlichkeit formen. Ich bin ebenso sicher, daß der Sinn für Humor eine wesentliche Rolle in dieser vorgeburtlichen Psychologie einnehmen wird. Sinn für Humor, der die oft unnötigen Ängste und Sorgen vertreibt, könnte viel zur Fröhlichkeit und inneren Reife einer Schwangeren beitragen.

Zum Glück für unsere Spezies entwickeln Frauen ohnedies während der oder gerade durch die Schwangerschaft eine natürliche, reife Denkungsart und Sinn für Humor – sonst wären wir wohl noch neurotischer und pessimistischer.

Unter dem Zwang, sich der unreifen Denk- und Lebensweise wieder anzupassen, durchleben viele Frauen nach der Entbindung aber ernste Gefühlskrisen. In nichtindustriellen Gesellschaften, vor allem in solchen, in denen Tradition oder uralte Bräuche die Erziehung der Kinder bestimmen, ist die nachgeburtliche Depression allerdings unbekannt.

Amerikanische Wissenschaftler haben mit einigem Erstaunen wiederentdeckt, daß Neugeborene mit Muttermilch am besten gedeihen. Die Absonderung von Muttermilch wird durch das Hormon Prolaktin geregelt, das aus der Hypophyse (oder Hirnanhangsdrüse) stammt. Die Tätigkeit der Hypophyse steuert der Hypothalamus, der über das Denken leicht zu beeinflussen ist. Die Mutter kann daher mit ihrem Gehirn nicht nur die Menge, sondern auch die Qualität der Milch bestimmen. Also versorgt die Muttermilch das Kind nicht nur mit Nahrung, sondern auch mit heiterer Gelassenheit oder mit Ängstlichkeit.

Das Denken beeinflußt bereits den Liebesakt, aus dem ein Kind hervorgeht. Ärzte, die angeblich unfruchtbaren Frauen raten, für den sexuellen Verkehr die beste Zeit im Monat sorgsam auszurechnen, ihren Eisprung zu beobachten und so weiter, treffen damit meiner Meinung nach nicht das Wesentliche. Denn dann ist das Paar angespannt und erregt, hat Angst vor einem Fehlschlag und kann unter diesen Umständen meist nicht zeugen. Es wären wohl weniger Menschen unfruchtbar, würde man ihnen raten, miteinander zu spielen, zu lachen und den Liebesakt zu genießen.

Eine ruhige, heitere Grundstimmung bildet die Basis für Freude und Vergnügen, für die Offenheit aller Sinne und tiefes Vertrauen. Dies überträgt sich nicht nur auf den Partner, sondern auf die Anfänge des Menschseins, auf beginnendes Leben. Eine freudige Einstellung zur Schwangerschaft hilft, manche Sorgen des Alltags gelassener zu nehmen und das Kind vor unnötigen Spannungen und deren Auswirkungen zu bewahren. Eine humorvolle Sicht der Dinge wirkt auf die Umwelt ebenfalls ansteckend, sorgt für ein, gerade während der Schwangerschaft bedeutsames, ausgeglichenes Zusammenleben und dafür, daß werdendes Leben sich harmonisch entwickeln kann. Humor bereitet den Weg, damit das Neugeborene schließlich eine freundliche Atmosphäre vorfindet, in der zu leben es sich lohnt.

12

Humor als Medizin

Nur selten ist Ärzten bewußt, daß kranke Menschen wie verängstigte Kinder sind und sich nach Gemeinsamkeit, enger Beziehung und Leichtigkeit sehnen. Die Ärzte würden sich selbst und vor allem ihren Patienten helfen, wenn sie an ROBERT BURTONS (1577–1640) Worte dächten: »Humor reinigt das Blut, macht den Körper jung und lebendig und zu jeder Arbeit tauglich.«

Aus einem britischen Bericht geht hervor, daß die Selbstmordrate bei Ärzten um das Dreifache höher liegt als der Durchschnitt, daß sie häufiger tödliche Unfälle erleiden und mehr zu Nervenzusammenbrüchen, Alkoholismus oder Drogensucht neigen. Unter anderem ist dies sicherlich auch darauf zurückzuführen, daß Ärzte beträchtlichen seelischen Belastungen und einer hohen Verantwortung ausgesetzt sind und sich sehr darum bemühen, vor allem gegenüber den Patienten, überernsthaft aufzutreten.

Ärzten und Pflegepersonal sollte man Humor beibringen. Dann könnten sie durch Behandlung der Patienten auf verantwortungsbewußte und dennoch humorvolle und spielerische Art diesen gleichfalls zu Verspieltheit und Jugendlichkeit verhelfen, die beide sehr zur Wiedererlangung der Gesundheit beitragen. SWIFT hatte sicherlich recht, als er meinte: »Die besten Ärzte der Welt sind Dr. Diät, Dr. Ruhe und Dr. Fröhlich.« Jahrhunderte davor gab die berühmte medizinische Schule von Salerno ähnliche Ratschläge für ein gesundes Leben: »Mens laeta, requies, moderata diaeta«, das heißt: Fröhlichkeit, Ruhe und mäßiges Essen.

Die Bibel sagt dazu: »Ein fröhliches Herz tut gut wie eine Medizin.«

HIPPOKRATES, einer der ersten uns bekannten Ärzte, riet den Medizinern, sich vor ihren Patienten fröhlich und strahlend zu geben. Er wußte um die positive Wirkung einer heiteren, optimistischen Atmosphäre. Allgemein würden Aufmunterung, Verspieltheit und Fröhlichkeit seitens des Pflegepersonals mehr zum Heilerfolg beitragen als jede Medizin.

So betrachtet wäre es für die Patienten vielleicht besser, wenn sie, statt von Priestern aufgesucht zu werden, die nur an letzte Ölung und Tod erinnern, Humoristen, Komödianten oder einfach glückliche Kinder an ihrem Krankenbett hätten.

Angesichts der steigenden Zahl psychosomatischer Krankheiten könnte der Humor in der modernen Medizin eine wichtige Rolle übernehmen. Zu den bekanntesten dieser Krankheiten gehören Migräne, Allergien, hoher Blutdruck, Magengeschwüre, Rheumatismus, Anorexia nervosa, Hautausschläge und Durchfall. Vermutlich spielen aber psychische Auslöser und Zusammenhänge bei wesentlich mehr, wenn nicht überhaupt bei fast allen ohne äußere Einwirkung entstehenden Krankheiten mit.

Wenn wir nämlich bedenken, daß psychosomatische Krankheiten hauptsächlich durch (oft eingebildete) Ängste und Sorgen verursacht werden, muß Humor wohl die beste Therapie dafür sein. Außerdem hätte eine solche Therapie positive Nebenwirkungen. Psychosomatische Krankheiten würden vielleicht besser verstanden, wenn die Medizin sich der Mühe unterzöge, tiefer in die Zusammenhänge zwischen Wunschdenken, aufgeblähtem Ego und Drüsentätigkeit einzudringen.

Übertriebene Erwartungen, Anmaßungen, Übereifer und Gier schaffen dauernde Ungewißheit und Unsicherheit und lösen dadurch den neuroendokrinen Mechanismus des Hypothalamus aus. Diese lang anhaltende Adrenalinausschüttung des sympathischen Nervensystems bewirkt einen stetigen Bereitschaftszustand für Notfälle, der unseren Körper längere Zeit in Spannung hält. Bei dauernder Spannung bricht aber schließlich das schwächste Organ zusammen. Dadurch wird nun der gesamte Organismus geschwächt, oder er stellt verschiedene Funktionen ein – so wie ein mechanisches System zusammenbricht oder eine Kette bei Beschädigung des schwächsten Glieds reißt.

Da jeder Mensch seinen bestimmten Schwachpunkt besitzt, variieren die psychosomatischen Krankheiten von einem Menschen zum anderen. Unter gleicher Belastung können bei zwei Menschen

ganz verschiedene psychosomatische Krankheiten auftreten.

Darüber hinaus kann das Signal einer psychosomatischen Krankheit an die Hirnrinde Besorgnis über das
Leiden hevorrufen, dies verstärkt die Adrenalinausschüttung noch und verschlechtert die Situation
weiter.

In manchen Fällen regen diese Sorgen zur Ausschüttung spezieller Neurotransmitter an, die durch Stimulierung des Appetitzentrums im Hypothalamus zu einem Dauerhunger und in der Folge zur Fettsucht mit all
ihren negativen Konsequenzen führen.

Viele beklagen sich, daß die Ursache einer Anspannung eine eintönige berufliche Tätigkeit beziehungsweise Arbeit sei. Arbeit langweilt nur, wenn sie an-
strengt, und sie strengt nur an, wenn wir sie oder ihr
Umfeld für unter unserer Würde halten, unter der
Würde unseres aufgeblähten Ego. Dann beginnt das *Ich-
mag-nicht*-Syndrom.

In Zeiten großer Arbeitslosigkeit findet der unreif
denkende Mensch die Arbeit jedoch weniger eintönig –
vielleicht, weil ihm die Tatsache schmeichelt, überhaupt Arbeit gefunden zu haben.

Man sagt oft, die Hektik des modernen Lebens verur-
sache Streß. Wir dürfen aber nicht vergessen, daß uns
dieses Leben auch außergewöhnliche Bequemlichkei-
ten gebracht hat. Vielleicht sind es gerade Bequemlichkeit und Annehmlichkeit, die unsere Anmaßungen
verstärkt haben, und Anmaßungen führen ja wiederum
zu Streß und psychosomatischen Krankheiten.

Es gibt sogar Leute, die ihr überzogenes Bankkonto

für den Streß verantwortlich machen. Allein die Idee, das Konto zu überziehen, kann ja nur von einer Denkweise herrühren, die ein Leben über die wahren Verhältnisse als gutes Recht ansieht.

Ist Krebs eine psychosomatische Krankheit? Könnte er durch Humor vermieden oder geheilt werden? Ich möchte hier den Zusammenhang zwischen psychosomatischer Erregung, also emotionalem Streß, und Krebs erklären.

Wie schon gesagt, werden die selbstgeschaffenen Erregungen durch übermäßige Ausschüttung von Neurotransmittern des sympathischen Nervensystems und des Adrenalorgans erzeugt. Die Neurotransmitter und Hormone (Adrenalin) stimulieren eine bestimmte Kette von Körperzellen, deren Tätigkeit sie über das normale Maß anregen. Diese Überaktivität einiger Zellen geht zu Lasten der Aktivität vieler anderer Zellen und Organe. Unter den Zellen und Organen, deren Tätigkeit durch die selbstgeschaffene Erregung eingeschränkt werden, befinden sich auch diejenigen, die unser Immunsystem beeinflussen. Jede höhere Ausschüttung von Adrenalin senkt die Leistung der vorhandenen weißen Blutkörperchen, deren Aufgabe es sonst ist, entstehende Krebszellen zu beseitigen. In einem überbeanspruchten Körper sinkt die Leistung des Abwehrsystems, die Selbstwarnfähigkeit ist beeinträchtigt, und die Bildung und Tätigkeit von Antikörpern werden verringert. Eine verringerte Leistung des Immunmechanismus schützt uns weniger vor Infektionen, Allergien und verschiedenen Arten von Krebs.

Ein gesundes, leistungsfähiges Immunsystem erkennt das Anomale von Krebszellen schnell und beseitigt sie entweder oder verhindert ihre Fortpflanzung. Wir besitzen Beweise dafür, daß unser Immunsystem, selbst wenn es unfähig ist, die neugebildeten Krebszellen zu beseitigen, ihre Verbreitung verlangsamen oder hemmen kann.

Vielleicht tragen wir alle irgendeine Art von Krebs in uns. Bei vielen entwickelt er sich nie, weil der innere Ausgleich und das Immunsystem es verhindern. Manche entdecken daher nie, daß sie Krebs hatten.

Wir wissen, daß Krebs durch Viren, Chemikalien oder Strahlung verursacht werden kann. Um pathologische Zellveränderungen hervorzurufen, müssen diese Verursacher eine Zelle finden, die bereit beziehungsweise empfänglich dafür ist. Diese Bereitschaft besteht bei geringer Immunität und Abwehrfähigkeit.

Die reduzierte immunologische Leistungsfähigkeit eines Organismus kann Krebs hervorrufen oder das Ausbreiten vorhandener Krebszellen begünstigen. Darauf weist auch hin, daß abwehrmindernde Medikamente Krebs verursachen oder das Ausbreiten einer schon vorhandenen Krebserkrankung fördern können. Bei mehr als zwanzig Prozent der Menschen, die an einer Autoimmunkrankheit leiden – sie beruht auf einer Fehlsteuerung des körpereigenen Abwehrsystems –, tritt eine Form von Krebs auf.

Wenn es also Hinweise dafür gibt, daß die Krebsgefahr sich mit abnehmender Leistungsfähigkeit des Immunmechanismus erhöht, und als erwiesen gilt, daß die selbstgeschaffenen Gefühlserregungen unsere Kör-

perabwehrkräfte schädigen, und überdies alles darauf
hindeutet, daß die selbstgeschaffenen Gefühlserregungen, also Angst und Streß, durch übereifrige, gierige
oder anmaßende Gedanken verursacht werden, so liegt
wohl nahe, daß Humor, der Übereifer, Gier oder Anmaßung verringert, Krebs verhindern oder heilen kann
oder konventionelle Verhütungs- und Heilmethoden
unterstützen könnte.

Es ist bekannt, daß hormonelles Ungleichgewicht am
Entstehen von Brustkrebs beteiligt ist. Dieses Un-
gleichgewicht wird jedoch oft durch selbstgeschaffene
Ängste verursacht, und die Ängste lassen sich durch
Humor leicht beseitigen.

Anhaltende selbstgeschaffene Gefühlserregung min-
dert auch die Leistungsfähigkeit unseres automatischen Mechanismus zur Reparatur beschädigter Zellen. In einem überbeanspruchten Körper werden die auf
Schadensbehebung spezialisierten Enzyme langsamer
mobilisiert und sind dadurch weniger wirksam. Ein
nicht behobener Schaden in der Struktur des genetischen Materials einer Zelle kann diese in eine bösartige
verwandeln. Die Bedeutung des automatischen Reparaturmechanismus ist vielleicht besser zu erfassen, wenn
man bedenkt, daß der Körper ständig reparaturbedürftig
ist, da ja ununterbrochen Zellen absterben und durch
neue ersetzt werden.

Gegen die These, daß unser affektives Denken, unsere Einbildung, mit der Entwicklung und Ausbreitung
von Krebs in Zusammenhang stehen, wird mancher
einwenden, daß Pflanzen und Tiere, die diesen Denkap-
parat nicht besitzen, ebenfalls Krebs aufweisen. Pflan-

zen und Tiere können durch anomale klimatische, kosmische oder Umweltbedingungen zu Streßopfern werden. Die Menschen haben das unglückselige Vorrecht, nicht nur bei anomalen externen Bedingungen unter Streß zu leiden, sondern ihn auch mit ihrem anmaßenden Denken selbst zu schaffen.

Die Anwendung von Humor als Heilmittel oder Zusatztherapie zur konventionellen Krebsbehandlung wäre für die Patienten völlig ungefährlich, und sie hätten dabei nichts zu verlieren – außer ihre Sorgen oder zumindest einen Teil davon. Deshalb seien Krebskranken und Menschen, die eine Krebserkrankung verhindern wollen, nun noch einige Ratschläge gegeben.

Wer an Krebs leidet, und vor allem, wer ihn verhüten möchte, sollte sich seiner als bester Begründung bedienen, um den gehetzten Lebensstil aufzugeben, den Übereifer, die Gier und die Anmaßung. Wenn es schon nicht anders geht, so nehme man ihn zum Anlaß, um damit zu beginnen, wirklich zu leben und das Leben zu genießen. Die meisten Menschen verbringen ihr Leben damit, eine selbstauferlegte, anstrengende Rolle zu spielen, und verzehren sich in ihrem übertriebenen Ehrgeiz. Eine Rolle spielen heißt eine falsche Identität annehmen. Mit falscher Identität zu leben, ist wie das Reisen mit gefälschtem Paß. Es ist ein Leben voller Ängste und Sorgen, und Angst und Sorge sind oft die Hauptursachen vieler Formen von Krebs. Sich von der *Bühne* in eine Umgebung zurückzuziehen, in der man sich von Maske, Pose, Heuchelei und Angeberei befreien kann, würde am ehesten die Leistungsfähigkeit unseres Immunsystems und unseres automatischen Reparaturmechanismus verbessern und damit unsere Chancen erhöhen, Krebs zu verhindern oder zu heilen. Das Naheliegendste und Beste wäre wohl, sich in eine glückliche Familie zurückzuziehen. Die Erweiterung unserer Einsichtsfähigkeit und der Sinn für Humor helfen uns, Glück und Gemeinschaft innerhalb der Familie zu erhalten. Mit intelligenter Einsicht würden wir uns um ein glückliches Familienleben bemühen, noch ehe wir es wirklich brauchen. Unser Immunmechanismus und unser automatisches Reparatursystem sind in besserer Verfassung, wenn wir einer Gruppe angehören und uns integriert fühlen.

Es ist nachweisbar, daß viele Krebspatienten, vor allem Patienten einer mittleren Altersstufe, kurz vor Ausbruch der Krankheit ihren Partner oder engsten Freund verloren haben. Hier müssen wir uns einer traurigen Wahrheit stellen: Menschen mit dem Krankheitsbild des sogenannten *gebrochenen Herzens* haben sich meist ihr Leben lang selbstsüchtig auf den nun verlorenen Partner oder Freund gestützt. In Wahrheit ist nicht ihr Herz zerbrochen, sondern ihre Lebensangst hat sich verstärkt. Das Syndrom des *gebrochenen Herzens* ist schwer zu heilen, aber leicht zu vermeiden. Man sollte die Menschen lehren, daß die besten Beziehungen jene sind, die wir durch eigene Anstrengung schaffen, mit unserer Großzügigkeit und unserem Verständnis. Großzügigkeit und Verständnis bringen bald Ersatz für den verlorenen Partner oder Freund.

Viele Krebspatienten, die den üblichen Behandlungs-

verfahren, wie Operation, Bestrahlung und Chemotherapie, nicht vertrauen oder sie fürchten, wenden sich
der sogenannten *alternativen Medizin* zu.

Zu den alternativen Heilmethoden gehört neben anderen der sogenannte *Imaginationsprozeß* oder die
Heilvisualisierung. Das bedeutet, daß der Patient sich
in Gedanken vorstellen soll, wie die weißen Blutkörperchen des Immunsystems die Krebszellen erfolgreich bekämpfen. Diesen Krieg zwischen Guten und
Bösen soll er mehrmals täglich durchspielen.

Wegen der Vorstellung eines Kampfs gegen den Feind
kann dieser Imaginationsprozeß manchmal Erregung
und Streß, die oft die eigentliche Ursache der Krebserkrankung bildeten, aber noch verstärken. Vielleicht
wäre es günstiger, den Imaginationsprozeß dazu einzusetzen, *die Gefühlserregung durch Beschwichtigung
der eingebildeten Ängste und Sorgen zu beseitigen.
Dies könnte das Immunsystem des Körpers und seinen
automatischen Reparaturmechanismus unterstützen.*

Mit Hilfe verschiedener Ernährungstherapien, die
auf der Theorie vom Kaliummangel des modernen
Menschen basieren, läßt sich Krebs angeblich verhindern oder sogar heilen. Eine Ernährungstherapie könnte durchaus Erfolg haben, wenn man sie mit einer
Humortherapie verbände. Denn die richtige Diät ist
nicht in der Lage, die selbstgeschaffene Gefühlserregung zu beseitigen, und diese Erregung beeinträchtigt,
neben anderen Organen und Leistungen des Körpers,
selbst bei vernünftigster Ernährung auch die Verdau-
ung. Eine lang anhaltende, selbstgeschaffene Gefühlserregung kann die Tätigkeit der Insulin absondern-

den Bauchspeicheldrüse verringern und als Folge davon den Kohlenwasserstoffmetabolismus einschränken.

Manche der alternativen Krebsbehandlungsmethoden beruhen auf der Ansicht, daß man, um die Streßsituation aufheben zu können, im Kranken den Lebenswillen und das Gefühl erwecken solle, es gelte um etwas zu kämpfen. Verfechter dieser Methode bedenken jedoch nicht, daß das Gefühl, um etwas kämpfen zu müssen, nur noch mehr Erregung und Streß hervorruft. Sie begehen den Fehler, Erregung als ein Zeichen von Lebenskraft anzusehen. Doch die selbstgeschaffene Erregung mit ihrer Ruhelosigkeit oder Aggression schwächt die Lebenskraft.

Bei alternativen Methoden besteht noch eine weitere Gefahr. Patienten, die sich einer solchen Behandlung unterziehen, können leicht zu einem Gefühl der Selbstgerechtigkeit gelangen, einem Zustand, der die selbstgeschaffene Erregung wegen seiner Unausgewogenheit nur erhöht.

Durch Schlaganfälle, Nierenversagen und größere Operationen, bei denen Körperteile abgetrennt werden, steigt die Zahl der Invaliden heute stets an. Diese Menschen hätten eine Humortherapie besonders nötig, denn die Anwendung von Humortherapie bei der Rehabilitation könnte dazu beitragen, das Leben trotz allem als lebenswert zu betrachten und nicht der Verzweiflung zu verfallen. Eine neue Betrachtungsweise könnte ihnen Mut und Anhaltspunkte geben, das Leben unter nun veränderten Bedingungen genauso fortzusetzen oder ein neues Leben zu beginnen. Invalide Menschen bedürfen schon deshalb des Sinns für Humor, weil Invalidität meist auch Abhängigkeit bedeutet. Im Zustand der Abhängigkeit erinnert man sich an frühere, andere Zustände der Abhängigkeit, und das macht traurig und deprimiert.

Humor könnte eine wirksame Kur gegen Alkoholismus sein. Vielleicht wäre in Entziehungszentren eine Therapie, zum Beispiel in Form von Rollenspielen und Komödien, hilfreich, bei der das Problem in humorvoller Weise dargestellt wird. Als Nüchterner die Rolle eines Betrunkenen zu spielen, könnte die Empfindung entdramatisieren, die den Alkoholiker zur Flasche trieb.

Eine ähnliche Therapie ließe sich auch bei Drogensüchtigen einsetzen, die einer Entdramatisierung noch viel mehr bedürfen, um die Realität klarer zu erkennen und zu vernünftigem Denken zu gelangen.

Sinn für Humor würde uns allgemein vielleicht wieder dazu anleiten, uns selbst zu helfen. Beim ersten Anzeichen einer körperlichen oder geistigen Beeinträchtigung rufen wir nach professioneller Hilfe. Das führt häufig zur Übermedikation mit ihren gefährlichen Nebenwirkungen. Überdies nimmt die Abhängigkeit von Experten die Fähigkeit zur Selbsthilfe.

In Würde zu altern, das sollte eines unserer Lebensziele sein. Wären die Menschen sich darüber einig, schiene ihnen der Humor mit seinen Anwendungsmöglichkeiten in der Immunotherapie wohl das Naheliegendste.

Es spricht vieles dafür, daß vor allem unser schwächer werdendes Immunsystem für die negativen Seiten des Alterns verantwortlich ist. Dem Altern geht nämlich eine Verringerung der Wirkungskraft der beiden wichtigen Organe des Abwehrmechanismus, Schilddrüse und Milz, voraus. Interessanterweise pflegte man im Altertum den Sitz des Lachens in der Milz zu sehen. Vielleicht wäre heute ein durch Humor angeregtes Lachen in der Lage, dieses Organ zu stärken.

Sinn für Humor kann die übergroße Anspannung unseres Organismus ausschalten und unserem automatischen Reparatursystem dadurch die Arbeit erleichtern.

Humorvolles Denken und eine humorvolle Grundstimmung verringern die durch körperliche Schmerzen verursachten Ängste oder Sorgen. Humorvolles Denken beseitigt die Gefühle, die von diesen Ängsten oder Sorgen hervorgerufen wurden, und entspannt so den Körper. Wie schon gesagt, verstärkt oder verlängert jede durch eine Gefühlserregung verursachte Spannung oder Anstrengung körperliche Leiden und erhöht damit den körperlichen Schmerz.

Allen, denen es schwierig erscheint, Sinn für Humor zu lernen, oder die nicht über sich selbst lachen können, weil sie es als Herabsetzung empfänden, rate ich, Dankbarkeit zu lernen. Sicherlich kann jeder auf irgendeine glückliche Zeit in seinem bisherigen Leben zurückblicken, die ihn Dankbarkeit lehrte. *Eine* Dankbarkeit betrifft jedoch alle Menschen gleichermaßen und läßt sich sofort heranziehen: Dankbarkeit für das Leben, dafür, überhaupt geboren zu sein. Unser heutiges Wissen, daß Empfängnis ein von Zufällen abhängiges Wunder ist, rechtfertigt diese Einstellung wohl. Viel Elend und Unglück wird dadurch verursacht, daß die meisten Menschen das, was sie besitzen, als ihr *gutes Recht* betrachten. Im Namen dieses Rechts streben sie immer nach mehr und bereiten sich damit ein Dasein in dauernder Frustration. Schon SENECA meinte, nicht nur der sei arm, der wenig besitze, sondern der, der sich nach mehr sehne.

Dankbarkeit kann die gleiche Wirkung auf Übereifer, Gier und Anmaßung, auf Erregungen und dadurch verursachte Ängste und Spannungen ausüben wie Humor: Mit Sinn für Humor macht man sich darüber lustig, mit Dankbarkeit lächelt man über sie.

Der Gedanke, daß wir gar nicht existieren oder bereits tot sein könnten, sollte unsere Vorstellung, unfair behandelt worden zu sein, in ein Glücksgefühl verwandeln. Schließlich könnte es jedesmal, wenn wir fliegen, Auto fahren oder die Straße überqueren, das letzte Mal sein. Das sollte uns zu der Einsicht führen, daß das Leben ein Geschenk ist, ein dauerndes Geschenk, für das wir dankbar sein müßten.

Indem wir mit dem ungerechtfertigten Gedanken spielen, es besser machen oder mehr haben zu können, tritt zutage, daß auch das Gegenteil wahr ist. Wir könnten es ebensogut schlechter treffen oder weniger haben, und im Leben der meisten Menschen könnte vieles schlimmer sein. In einer von Unsicherheit regierten Welt stellt *schlimmer* eine gewisse Möglichkeit dar – wie der französische Schriftsteller ANDRÉ MALRAUX

(1901–1976) sagte: »Tout peut toujours être pire« (Es könnte alles viel schlimmer sein).

Die Erkenntnis, daß alles schlimmer sein könnte, öffnet den Weg zur Dankbarkeit. Sie hilft uns, selbstgeschaffene Ängste, Sorgen und Streß zu beseitigen, und ermöglicht es uns dadurch, Erkrankungen wie Krebs, psychosomatische Leiden und geistige Störungen zu vermeiden oder zu deren Heilungsprozeß beizutragen.

Eines sollten wir stets im Auge behalten: Unsere Intelligenz besitzt den gleichen psychosomatischen Einfluß wie unser gefühlsorientiertes Denken. Dieses Denken kann Krebs, psychosomatische Leiden und geistige Störungen hervorrufen, die Vernunft hingegen psychosomatisches Wohlbefinden und geistigen Einklang schaffen.

Durch die Dankbarkeit kommen wir auch in den Genuß des größten Geschenks, der Zeit. Indem wir Übereifer, Gier und Anmaßung unseres Denkens belächeln, beseitigen wir die selbstgeschaffenen Ängste und entdecken, daß wir Zeit haben, Zeit zu vernünftigem Überlegen, Zeit zu verstehen, zu spielen, Krankheiten zu verhüten oder zu heilen, Zeit zu lachen und zu leben.

Indem Dankbarkeit uns Zeit schenkt, öffnet sie uns ein Leben voll Schönheit und Anmut. Zeit verleiht Adel. Der griechische Tragiker SOPHOKLES (497–407 v. Chr.) hatte dies wohl erkannt, als er schrieb: »Die Zeit ist eine sanfte Gottheit.« Welch ein Unterschied zum heutigen Motto *Zeit ist Geld*!

Menschen, die Dankbarkeit für eine Erniedrigung ihres Status halten, mögen bedenken, daß der Weg zu wahrer Größe auch über die Dankbarkeit führt.

Ebenso schützt Dankbarkeit uns vor dem von Propheten der Trübsal und Verdammung verbreiteten Gift und gegen Einschüchterung durch jene, die Vergnügen daran finden, anderen das Leben zu vergällen.

Der jüdisch-christliche Glaube trug durch die daraus geschaffene Tradition von Moral- und Wertvorstellungen viel zu dieser Trübsal und Verdammung bei. Hätte MOSES doch nur als elftes Gebot eingeführt: »Du sollst dich nicht zu ernst nehmen«, so wäre das Leben seit Jahrhunderten vielleicht glücklicher und gesünder verlaufen. Denn unsere heutige Kultur – die westliche Zivilisation – bringt mehr Krebserkrankungen, psychosomatische Leiden und Geisteskrankheiten hervor als jede andere.

Nicht immer ursächlich damit in Zusammenhang, aber häufig durch psychosomatische Konstellationen bedingt sind Allergien. Hier könnte die Humortherapie ebenfalls eine große Hilfe darstellen.

Um allergisch zu reagieren, muß man meist empfänglich für ihre Auslöser sein, sich in einem Zustand der Reizbarkeit befinden oder in einem Körperbereich übermäßig empfindlich sein. Äußere Faktoren, wie bestimmte Nahrungsmittel, Pollen, Tierhaare, üben nur dann einen Reiz aus, wenn wir reizbar, also ihren Wirkungen gegenüber offen sind. Reizbarkeit oder Erregbarkeit, die wahren Ursachen von Allergien, beruhen normalerweise auf Anspannung oder Streß, die ja von Gefühlserregungen stammen. Diese Gefühlserregungen rühren wiederum von einer Unsicherheit her, die meist durch Flucht in irgendeine übertriebene Ichbezogenheit ausgelöst wurde. Wenn man sich wohl fühlt, fröhlich oder mit sich zufrieden ist, wird man nämlich selten durch Dinge oder Situationen aus dem Gleichgewicht gebracht, die bei Angst und Streß Allergien verursachen.

Eine Humortherapie, die unsere übertriebene Ichbezogenheit und Besorgtheit aufzeigt und uns befähigt, darüber zu lächeln und zu lachen, befreit unser Denken von den selbstgeschaffenen Unsicherheiten und Sorgen. Sie würde uns leichter – und billiger – von Allergien erlösen als alle bisherigen Heilverfahren.

Humor könnte auch zur Verhütung der verkrüppelnden und sich immer weiter ausbreitenden rheumatoiden Arthritis (primär-chronische Polyarthritis, Gelenkrheumatismus) beitragen.

Die meisten Formen der Arthritis beginnen als Entzündung des weichen Gewebes um die Gelenke, ehe sie die Gelenke selbst angreifen. Entzündungserreger haben es natürlich leichter, wenn diese Gewebe dafür empfänglich sind. Spannung, Überanstrengung, Streß und Steifheit, die von den durch eingebildete Ängste, Sorgen oder Leiden geschaffenen Gefühlserregungen verursacht wurden, bewirken, daß die Bindegewebe sich eher entzünden und sich die einmal entstandene Entzündung weiter ausbreitet. Es ist bekannt, daß eine latente Arthritis durch den Verlust eines geliebten Menschen oder auch des Arbeitsplatzes wieder aufflammen oder eine neue Arthritis einsetzen kann. An Arthritis erkrankten Patienten verschreiben manche Ärzte daher Beruhigungsmittel.

Affektives Denken ist an der Entwicklung von Arthritis und anderen Formen des Rheumatismus wesentlich beteiligt. Als Begründung dafür mag auch die Tatsache gelten, daß diese Krankheiten mit zunehmendem Fortschritt der Zivilisation vermehrt auftreten. Vielleicht läßt es sich damit erklären, daß durch diesen Fortschritt die Ansprüche und Erwartungen der Menschen steigen. Nun bleiben Enttäuschung und Desillusionierung nicht aus, und eingebildete Sorgen, Ängste oder Leiden bewirken Gefühlserregungen, die zu Spannung, Überanstrengung, Streß oder Steifheit führen.

Interessanterweise leiden Menschen mit Arthritis oder anderen rheumatischen Krankheiten oft auch an Allergien.

Humor lockert Spannung, Überanstrengung, Streß oder Steifheit, beseitigt deren Ursachen, macht die Bindegewebe damit widerstandsfähiger gegen Entzündungen und verhindert, daß bereits bestehende Entzündungen sich auf die Gelenke ausdehnen, denn dann wäre die Heilungsmöglichkeit geringer.

Medikamente gegen Arthritis können nur die Schmerzen verringern, selten verändern sie den Verlauf der Krankheit.

Ein zusätzlicher Vorteil zeichnet den Humor gegenüber anderen Heilmitteln aus: Er besitzt positive Nebenwirkungen. Eine gelassene und fröhliche Einstellung hebt unser ganzes Wohlbefinden, stärkt Seele, Geist und Körper und damit auch dessen Abwehrkräfte. Humor hilft uns, daß wir durch eine Erkrankung nicht gleich aus der Fassung geraten, und trägt selbst aktiv zum Heilungsprozeß bei. Den Körper mit Humor zu unterstützen, sollte also vor allem im Krankheitsfall unsere erste Pflicht sein.

13

Humor und geistige Störungen

In bezug auf geistige Störungen und Erkrankungen herrscht große Uneinigkeit unter Ärzten und Forschern. Dazu trägt noch bei, daß viele mit unserer Seele befaßten Experten die Menschheit durch die Brille ihrer spekulativen Theorien sehen und nicht selten versuchen, die Realität ihren vorgefaßten Meinungen anzupassen. Daß die moderne Psychiatrie zuweilen mehr daran interessiert scheint, geistige Krankheiten zu *erzeugen* als zu heilen, erhöht die Verwirrung auf dem Gebiet der Geisteskrankheiten nur. Manchmal könnte man fast den Eindruck gewinnen, daß Experten, die sich mit der Behandlung geistiger Störungen beschäftigen, sich wünschen, immer mehr Menschen in ihren Bann zu ziehen.

Meiner Ansicht nach gehören geistige Störungen und Krankheiten vor allem einer gewissen »jugendlichen« Phase an: Sie entstehen im Verlauf der Entwicklung und werden durch das Verharren in jugendlicher Denkweise auf andere Lebensphasen bis ins hohe Alter übertragen.

Das Gehirn geistig verwirrter Menschen ist physisch völlig normal. Geisteskrankheiten entstehen nur durch schwächere geistige Tätigkeit eines physisch normalen Gehirns. Wie schon gesagt, hat jeder Mensch einen Optimalbereich von Gefühlserregungen. Innerhalb dieses Bereichs führt die geistige Tätigkeit des Gehirns meist zu vernünftigem, intelligentem Denken und Verhalten. Die meisten selbstgeschaffenen Gefühlserregungen liegen jedoch außerhalb dieses Optimalbereichs. Bei stärkeren Gefühlserregungen verringert sich die geistige Tätigkeit unseres Gehirns und führt schließlich zu einem eingeschränkten, unvollkommenen, nicht unterscheidenden, unzusammenhängenden oder unpassenden Denken und Verhalten. Diese verringerte Gehirntätigkeit mit ihrer beeinträchtigten, ungewöhnlichen oder bizarren Denk- und Verhaltensweise nennt man Geisteskrankheit.

Bei außergewöhnlich starken, durch Schrecken hervorgerufenen Gefühlserregungen kann das Gehirn die geistige Tätigkeit ganz einstellen.

Die Intensität einer geistigen Störung hängt von der Intensität der selbstgeschaffenen Ängste ab. Diese Ängste werden meist durch die Flucht des jugendlich-unreifen Ego aus der Realität in eine Welt der Phantasien und Träume verursacht. Man könnte also sagen, daß hinter jeder geistigen Verwirrung ein überhebliches Ego steht, das durch die Angst vor Fehlschlägen gefährlich lebt. Je überheblicher das Ego, um so ungewöhnlicher und anomaler wird ein Mensch reagieren.

Unsere geistige Tätigkeit wird durch hohe Gefühlserregungen beeinträchtigt, weil sie die Blutzufuhr zum

Gehirn einschränken. Starke Gefühlserregungen entstehen durch Notsituationen, und in solchen Lagen
konzentriert sich die Blutzufuhr bekanntlich auf die
dafür wichtigen Organe, also diejenigen, die körperlichen Abwehrhandlungen wie Kampf, Flucht oder Verstecken dienen.

Starke Gefühlserregungen schränken auch die Reaktion und Wirksamkeit des Systems der Sinneswahrnehmungen ein und tragen so zu Verzerrung und Anomalie
der geistigen Tätigkeit bei.

Das Gehirn geistig gestörter Menschen vermag innerhalb des normalen Bereichs von Gefühlserregungen
völlig normal und intelligent zu reagieren. Deshalb
könnte ich es mir als Aufgabe für Schulen vorstellen,
Jugendliche zu lehren, wie man Ängste und Gefühlserregungen innerhalb des optimalen Rahmens hält.

Die Wissenschaftler erklären meist, daß einige der
folgenden Symptome mit geistiger Störung verbunden
sind: Ängste, Melancholie und Pessimismus, Reizbarkeit, Intoleranz, Verlust von Appetit und sexueller Potenz, Schlaflosigkeit, hoher Blutdruck, Zittern, Atem-
beschwerden, Schweißausbrüche, Blässe, Unruhe,
Schwindelgefühle, Übelkeit, Desorientierung, Schmerzen, Hautausschläge, Fühllosigkeit gegenüber den Problemen anderer, Mangel an Mitgefühl und Humanität,
Mangel an Rücksicht oder Verständnis, mangelnder
Sinn für Humor oder Dankbarkeit, Mangel an Flexibilität und Anpassungsfähigkeit und verminderte Sinnes-
wahrnehmung.

Diese stellen aber eigentlich keine Symptome für
Geisteskrankheiten dar, sondern sind vielfach Folgen

neuroendokriner Reaktionen bei starken eingebildeten Ängsten.

Sinn für Humor kann diese Ängste als unbegründet erweisen, vielleicht sogar ganz auflösen, und damit bei vielen geistigen Störungen helfen.

Als weitere Erklärung für die meisten geistigen Störungen gilt die Ansicht, sie entstünden durch mangelnde Anpassungsfähigkeit. Betrachtet man dies von einer anderen Seite, so stellt sich vielleicht heraus, daß die mangelhafte Anpassungsfähigkeit in Wirklichkeit mangelnde Selbsterfüllung eines selbstsüchtigen, ichbezogenen Individuums ist, ein Versagen der selbstbestätigenden Strategie des von sich eingenommenen Ego.

In unserer jugendlich-unreifen Denkweise meinen wir, jedes Individuum habe aufgrund eines gewissen Rechts Anspruch auf übertriebene Eigenliebe, auf skrupellose Egozentrik und Anmaßung, und es besitze noch ein Recht: das auf Selbstverwirklichung des überheblichen Ego.

Sinn für Humor ließe uns erkennen, daß manche Geisteskrankheit eine zwanghafte Selbsttäuschung ist. Denn die geistig gestörte Person versucht oft, sich über das ihr und anderen zuträgliche Maß hinaus zu bestätigen oder zu erfüllen. Wird dies dem Betroffenen deutlich, lösen sich die mit dem Streben nach Bestätigung verbundenen Spannungen, und es gelingt ihm vielleicht sogar, darüber zu lachen und sich so völlig davon zu befreien.

Im folgenden möchte ich einige der häufigsten Neurosen und Psychosen aufzählen und zu erklären versuchen, daß hinter den meisten ein überanspruchsvoller Geist steht – wie auch beim Nervenzusammenbruch.

Von einem Nervenzusammenbruch werden häufig die betroffen, die in einen Zustand der Hoffnungslosigkeit versinken. Hoffnungslosigkeit entsteht aber am ehesten durch übertrieben hoffnungsvolles Denken.

Wer es lernt, die Dinge weniger ernst und bedrückend zu sehen und über sich selbst zu lachen, findet aus jeder hoffnungslosen Situation wieder heraus.

Aus Statistiken geht hervor, daß alleinlebende Menschen eher zu Nervenzusammenbrüchen neigen. Forscht man nach der Ursache, so stellt sich womöglich heraus, daß diese Menschen nur deshalb allein leben, weil sie selbstsüchtig und anspruchsvoll sind. Übertriebene Selbstsucht und Ansprüche verhindern Kommunikation, Integration und Gemeinsamkeit. Es gibt keine Gemeinsamkeit ohne persönliche Opfer. Ein Gruppen- oder Familienleben, das auf persönlichen Opfern und zwischenmenschlichen Zugeständnissen aufgebaut ist, schützt am besten vor Nervenzusammenbrüchen oder geistigen Verwirrungen.

Phobien sind oft die Folge von Ängsten, die bei der Flucht aus der Wirklichkeit in übertriebene Selbsteinschätzung entstehen. Indem ich nun versuche, die *Agoraphobie* näher zu erläutern, kann ich diese Theorie vielleicht klarer darlegen:

Menschen, die an Agoraphobie leiden, erklären, sie hätten Angst vor öffentlichen Plätzen. Diese Angst ist aber aus der Hauptangst des Agoraphobikers geboren,

der aus seiner Flucht in die übertriebene Selbsteinschätzung entstandenen Angst. Er scheut öffentliche
Plätze nämlich nur deshalb, weil er sich einbildet, dort
der Lächerlichkeit preisgegeben zu sein und in seiner
Selbstüberschätzung erschüttert zu werden.

Ein Agoraphobiker müßte über sich selbst zu lachen
lernen, das würde seine Panik abschwächen, denn das
Lachen unterbricht seine Erregung und verhindert dadurch Schwindelgefühl und heftiges Atmen, durch die
seine Panik vor allem entstehen.

Die *Kleptomanie* geht allgemein auf eine übertriebene
Selbstgerechtigkeit zurück. Wie jede andere selbstge-
fertigte Abstraktion, läßt sie sich durch Sinn für Humor
oder Lachen über sich selbst verringern oder beseitigen.

Die Psychiatrie behauptet, *Hysterie* sei eine Form von
Körpersprache, eine Reaktion auf den durch eine unerträgliche Lebenssituation verursachten Streß.

Ganz offensichtlich begeben wir uns doch immer in
eine unerträgliche Lebenssituation, wenn unser anspruchsvolles Ego den Fähigkeiten des wahren Ich nicht
entspricht.

In früherer Zeit hielten die Menschen einen Dämon
für die Ursache der Hysterie. Zum Teil hatten sie recht.
Denn unsere Welt der Phantasien und Träume ist voller
Dämonen. DOSTOJEWSKI beschrieb in vielen seiner
Werke die Besessenheit durch abstrakte Ideen.

In gewissen Fällen von Hysterie werden Sehver-
mögen, Geruchs-, Geschmackssinn oder Gehör geschwächt. Das steht jedoch in keinem direkten Zusam-

menhang mit der Hysterie, sondern mit der Gefühlserregung, die durch Furcht bei der Flucht des Ego in die
Selbstüberschätzung auftritt. Diese Gefühlserregung
kann auch hysterisches Erbrechen oder andere Fehllei-
stungen des Verdauungssystems hervorrufen.

Der Selbstüberschätzung einer hysterischen Person
spielerisch den Boden zu entziehen, könnte gegen diese
Erscheinung sehr helfen. Hysterie sehnt sich geradezu
nach Spiel, oft kommt es durch mangelnde Spielmög-
lichkeit überhaupt erst zu dieser Sucht nach Aufmerksamkeit.

Hypochondrie wird hauptsächlich durch übertriebene
Sorge um die eigene Person verursacht. Diese Sorge ist
wiederum ein Ergebnis von übersteigerter Selbstüberschätzung. Humor und spielerisches Necken könnten
den Spiegel, den der Hypochonder vor sich herträgt,
durch ein offenes Fenster zur Außenwelt ersetzen.

»Unter *Depressionen* leiden Menschen, die keinen
Grund sehen, sich selbst auch nur im geringsten zu
mögen... Depression ist ein Zustand des Selbsthas-
ses«, schrieb eine englische Autorin, die sich in einem
Zustand der Depression schließlich selbst das Leben
nahm.

Welche Menschen sehen nun keinerlei Grund, sich
selbst auch nur im geringsten zu mögen?

Menschen, die ein Gefühl der Wertlosigkeit empfinden, ein Gefühl, das sie dann überkommt, wenn sie
erkennen, daß sie ihre Ideale nicht erreichen und ihre
Sehnsüchte nicht erfüllen können. Ein Ideal, das durch

übertriebene Selbstbewunderung entstand, läßt sich
jedoch nie erreichen.

Wir bemitleiden uns nur dann, wenn wir uns übermäßig bewundern.

Wir entwickeln Selbsthaß, wenn wir aufgrund unserer Eigenliebe desillusioniert sind, und Eigenliebe muß
uns desillusionieren, wenn wir sie zu sehr übertreiben.

Das beste Mittel gegen Depressionen wäre es, Ideale
oder Sehnsüchte, die über unsere praktischen Möglichkeiten hinausgehen, weniger hoch anzusetzen und so
zu wählen, daß sie unseren Möglichkeiten entsprechen.
Unsere Ideale und Sehnsüchte ließen sich bestimmt am
ehesten zurücknehmen, wenn wir mit unserer Selbstbewunderung weniger ernst umgingen und sie humorvoll betrachteten.

Das Gefühl der Wertlosigkeit läßt sich leicht heilen,
und zwar durch das Gefühl, gebraucht zu werden, und
wir können alle gebraucht werden, wenn wir nur unsere
Selbstbewunderung zurücknehmen. Glücklich sind jene, die Menschen lieben, von denen sie gebraucht
werden, unglücklich jene, die Menschen lieben, weil
sie sie brauchen.

Durch die Flucht in Selbstbewunderung entstandene
Ängste führen zu starken Gefühlserregungen, die bei
depressiven Menschen aus der Erinnerung hauptsächlich negative, verwirrende oder vernichtende Ereignisse
hervorholen. Solche düsteren Erinnerungen verdun-
keln das Leben dieser Menschen bedrohlich und lassen
sie kaum noch Gutes darin entdecken.

Da der Depressive sich in einem sehr verunsicherten
Zustand befindet, reagiert sein Ego auf die geringsten, ja

nicht einmal existenten Bedrohungen. Menschen, die sich übertrieben bewundern, können bereits durch eine gewöhnliche Erkältung oder eine kaum nennenswerte körperliche Beeinträchtigung in eine Depression geraten.

Wie bereits erklärt, löst der Vollmond bei manchen Menschen eine Depression aus. Sie entwickeln übertriebene Ängste oder Sorgen wegen ihrer biologisch bedingten Unruhe und stimulieren dadurch das sympathische Nervensystem und das Adrenalorgan. Dies führt zu Erregung, Spannung und Streß, woraus sich die Symptome der Depression ergeben. Dabei wird diese biologisch bedingte Unruhe ja nur durch ein Ungleichgewicht im Wasserhaushalt des Körpers und durch stärkeren hydrostatischen und osmotischen Druck aufgrund der Anziehungskraft des Mondes hervorgerufen.

Sinn für Humor kann die Kluft zwischen dem aufgeblähten Ego und dem wirklichen Ich verringern. Er vermag depressiven Menschen zu helfen, ihre Probleme zu verkleinern, indem sie die Einbildungen ihres Ego einschränken. In früherer Zeit besaß man einen besseren Zugang zur Depression. Sie wurde als Sünde betrachtet und durch das Gebet geheilt. Übertriebene Selbstbewunderung ist ja wirklich mehr *Sünde* als Krankheit.

Der Kult, der im westlichen Kulturkreis mit dem Individuum, seiner Unabhängigkeit und Aggressivität getrieben wird, schafft eine beängstigende Einsamkeit, die beste Ausgangslage für Depressionen und geistige Verwirrungen.

Nach einer gängigen Lehrmeinung sieht die Psychiatrie in der *Psychose* die Flucht eines unangepaßten Menschen aus der feindlichen und unkooperativen äußeren Welt.

Die Unangepaßtheit eines *Paranoikers* wird also nicht durch die feindliche und unkooperative Welt verursacht, sondern durch zunichtegemachte Erwartungen – Erwartungen, die aus grandiosen Ideen hervorgingen. Der Paranoiker flieht nicht vor der Wirklichkeit, sondern aus der Welt seiner eigenen frustrierten Illusionen in eine Welt anderer, noch größerer Illusionen. Das verstärkt seine Gefühlserregung nur und führt ihn zu Selbsttäuschungen oder Wahnvorstellungen. Wahnvorstellungen entstehen durch eine Tätigkeit des Gehirns unter gewissen starken Gefühlserregungen, die durch Angst vor der Flucht in Illusionen wachgerufen werden. Da der Paranoiker seine Wahnwelt von allen möglichen eingebildeten Feinden bewohnt sieht, ist auch diese extreme Fluchtburg des menschlichen Geistes eine Welt der Ängste, was den Wahn noch verlängert oder verstärkt.

Wer sich mit den Klagen eines Paranoikers auseinandersetzt, sollte ihm humorvoll erklären, wie dumm es ist, sich darüber zu ärgern, daß die Freunde oder die Gesellschaft es nicht gestatten wollten, auf ihre Kosten ein auf übertriebener Egomanie aufgebautes großartiges Leben zu führen.

Der Paranoiker fürchtet es, geneckt oder verlacht zu werden, denn er weiß, daß sein egoistisches Spiel zu Lasten der anderen geht. Als Beweis dafür, daß der Paranoiker die anderen zum Narren zu halten versucht, mag gelten, daß ihn Verachtung noch mehr trifft, als geneckt oder verlacht zu werden. Verachtung fürchtet er, weil sein Spiel unehrlich ist. Daß er sich dessen bewußt ist, unfair zu spielen, zeigt sich, weil er selbst oft Angst davor hat, beschwindelt zu werden.

Verfolgungswahn entsteht durch Mißtrauen und Mißtrauen durch die Angst, daß die anderen einem nicht trauen.

Starke Gefühlserregungen aufgrund der Unsicherheit, die durch die Flucht des Paranoikers in die Welt der Illusionen bedingt ist, behindern die Reaktions- und Leistungsfähigkeit seiner Sinneswahrnehmungen und tragen so wiederum zu einer falschen Deutung der äußeren Welt bei.

Manche Experten behaupten, das heutige Stadtleben lasse immer mehr Menschen *schizophren* werden. Und sie sind der Meinung, ein Schizophrener werde am besten geheilt, indem man versucht, seine durch Unangepaßtheit verlorene Selbstschätzung wiederherzustellen.

Ein Schizophrener schätzt sich selbst aber durchaus. Er überschätzt sich offensichtlich sogar, denn er zeigt nicht die geringste Bescheidenheit.

In den vierziger und fünfziger Jahren bestand die Überzeugung – und kam es gewissermaßen in Mode –, daß sehr schwere Geisteskrankheiten durch Lobotomie oder Psychochirurgie geheilt werden könnten. Dabei zerstörte man Teile des Stirnlappens des Neokortex, in dem Willen und Wunschdenken angeblich ihren Sitz haben, oder durchtrennte ihre Verbindung zum übrigen

Gehirn. Mir erschiene es jedoch sicherer, die Tätigkeit dieser Gehirnteile mittels Humor und seiner bereits beschriebenen Wirkung zu hemmen.

Heute wird Schizophrenie vor allem mit starken Beruhigungsmitteln behandelt. Viele Ärzte und Patienten blicken jedoch mit Sorge auf die Nebenwirkungen dieser Mittel.

Sind die sogenannten *Nebenwirkungen* aber auch tatsächlich diesen Mitteln zuzuschreiben?

Meiner Ansicht nach werden die starken Gefühlserregungen, die Schizophrenie hervorrufen, durch solche Medikamente weder verringert noch beseitigt, sondern es gelingt den Mitteln nur teilweise, den Einfluß der starken Erregungen auf die Gehirntätigkeit zu schwächen oder zu hemmen. Tatsächlich wirken sie, manchmal sogar signifikant, auf das ungeordnete Denken des Schizophrenen, seine Halluzinationen, paranoiden Vorstellungen, Übertriebenheit, Feindseligkeit oder Angriffslust ein. Trotz ihrer wohltuenden Wirkung auf die Gehirntätigkeit erreichen sie die Erregungen des Schizophrenen jedoch nicht, die ihre negative Wirkung auf Körper und Geist des Erkrankten ungehindert weiter ausüben.

Als sogenannte Nebenwirkungen der antipsychotischen Mittel treten einzeln oder zuweilen gleichzeitig auf: Unsicherheit, Ruhelosigkeit, Schlaflosigkeit, Schwitzen, Zittern, Zucken, Spasmen, signifikante Verringerung des Sexualinteresses bei beiden Geschlechtern, Unregelmäßigkeit oder Aufhören des Menstruationszyklus bei Frauen, Dyskinese, das heißt beeinträchtigte oder anomale schmerzhafte Bewegung

der willkürlichen und unwillkürlichen Muskeln,
Sprachschwierigkeiten, soziale Isolierung, Ängstlichkeit und Mißtrauen.

Alle diese sogenannten Nebenwirkungen der Mittel
gegen Schizophrenie könnten aber die Folge der Gefühlserregungen sein, die durch Überaktivität des sympathischen Nervensystems und des Adrenalorgans hervorgerufen und von den selbstgeschaffenen Ängsten
und Sorgen verursacht werden.

Eine Behandlung mit Humor, die ich der Einfachheit
halber *Humortherapie* nennen möchte, könnte eine
nützliche Begleitmaßnahme zur Chemotherapie der
Schizophrenie darstellen, da sie die selbstgeschaffenen
Ängste oder Sorgen, die antipsychotische Mittel nicht
beeinflussen, zumindest teilweise senken würde.

Eine Nebenwirkung besitzen die Medikamente näm-
lich sicher: die Patienten werden abhängig von ihnen.
Medikamentenabhängigkeit pflegt zu sozialer Isolation
zu führen, verhindert also die gerade hier so wichtige
Kommunikation und jede enge kooperative Beziehung.
Vielleicht könnte eine Gruppen-Humortherapie dieses
Problem lösen helfen.

Schizophrenie gilt vielfach als Erbkrankheit. Wissenschaftler behaupten, daß bei Kindern mit einem schizophrenen Elternteil in jedem Fall ein mindestens zehn-
prozentiges Risiko besteht, ebenfalls daran zu erkranken, ob sie nun bei ihren Eltern leben oder bei Menschen, die nicht schizophren sind.

Vielleicht sollte aber auch hier die Möglichkeit in
Betracht gezogen werden, daß Kinder, die bei schizophrenen Eltern oder bei einem schizophrenen Elternteil

aufwachsen, wegen des ungewöhnlichen und bizarren Verhaltens dieses Elternteils oder beider Eltern leicht Ängste entwickeln, und daß adoptierte Kinder schizophrener Eltern nicht aufgrund ihrer Erbmasse häufiger an Schizophrenie erkranken, sondern weil der Gedanke sie verfolgt, sie seien von ihren natürlichen Eltern unerwünscht gewesen und deswegen verstoßen worden. Dieser Gedanke läßt sie in ständigen Zweifeln und dauernder Unsicherheit leben. Außerdem sind Pflegevater oder Pflegemutter Stellvertreter eines Elternteils und spielen dessen Rolle. Rollenspiel schafft leicht Spannung und Streß in dem, der die Rolle spielt, und in jenem, um dessentwillen sie gespielt wird.

Die Ursache für geistige Störungen wird vielfach in der Gesellschaft gesucht. Meiner Ansicht nach wäre es aber für die Gesellschaft und vor allem für geistig gestörte Menschen hilfreicher, wenn man den wahren Urheber geistiger Verwirrungen heranzöge, nämlich das übertrieben anspruchsvolle Ego unreif denkender Menschen.

Jede Flucht vor der Realität in Einbildungen, Illusionen oder Selbsttäuschungen ist mit der Angst verknüpft, in die unliebsame Realität zurückzufallen. Diese selbstgeschaffene Angst, die nur der Mensch kennt, und auch da nur das unreif denkende Individuum, führt, wie schon mehrfach erläutert, zu übermäßiger Erregung. Je stärker diese Erregung, desto schwächer und eingeschränkter ist die bewußte Gehirntätigkeit. Diese mangelhafte und eingeschränkte Tätigkeit löst schließlich geistige Verwirrung aus.

Mangelhafte und schwächere Gehirntätigkeit sowie
eine verringerte Leistungsfähigkeit unserer Sinnesorga-
ne und der Beobachtungsgabe kann man am besten an
der Hast feststellen. Die Angst, nicht soviel zu erreichen, daß unser anspruchsvolles Ego zufriedengestellt
ist, schafft Gefühlserregungen, die Ruhelosigkeit, Hektik und Hast zur Folge haben. Diese Gefühle schwächen
auch die geistige Leistungsfähigkeit und die der Sinnes-
organe.

Kliniken für geistig gestörte Menschen sind noch bedrückender als andere Heilanstalten, denn in diesen
Institutionen herrscht häufig eine Atmosphäre des Has-
ses. Das Personal haßt die Patienten und umgekehrt,
und die Psychiater hassen sich selbst wegen ihres
Narrenspiels unter *Narren*.

Humorlosen Psychiatern und Krankenpflegern fehlt
die Einsicht, daß die meisten Patienten der Klinik sich
dort befinden, eben weil es ihnen an Humor gebricht.
Anstatt solche Fälle mit Verspieltheit zu behandeln,
versuchen Psychiater und ihre Helfer die Patienten mit
verhängnisvoller Überernsthaftigkeit zu heilen.

In ihrer Überernsthaftigkeit orientieren sich Psychiater zu sehr an ihrem Fach und zuwenig am Leben. Das
führt sie oft so weit von der Realität weg, daß sie
anfangen, auch bei normalen Menschen Anzeichen von
Verwirrung zu erkennen. Diese Überernsthaftigkeit
und der Mangel an Humor hat jedoch fatale Folgen.
Unter Psychiatern ist die Selbstmordrate höher als bei
allen anderen Medizinern.

Kliniken für geistig Gestörte wären sicherlich gut

beraten, wenn sie für Ärzte, Personal und Patienten Humorkurse organisierten. Sie sollten auch mit lustigen Zeichnungen, Büchern und Filmen arbeiten, Spielplätze, Spielzeug, Schwimmbecken und Turnhallen bereitstellen und vor allem wettbewerbsfreie körperliche Übungen einführen.

Humor in der Behandlung und im Umgang mit den Patienten würde auch eine gewisse Vertrautheit schaffen, und Vertrautheit kann die Heilung geistig verwirrter Menschen sehr unterstützen.

Abschließend möchte ich noch ein Problem ansprechen, das uns bei entsprechender Lebenszeit alle mehr oder weniger betrifft – das Altern, dessen Beginn man gerne mit dem Klimakterium zusammenlegt. Das Klimakterium bezieht sich nicht allein auf die Frau, auch beim Mann stellte man Veränderungen fest, auf die sich der Begriff ausdehnt. Es wird auch allgemein nicht als geistige Störung empfunden, doch wenn man meiner Theorie folgt, ergeben sich Anknüpfungspunkte hinsichtlich der Ursachen.

Während des Klimakteriums leiden viele Frauen unter Wallungen, plötzlichem starkem Schwitzen, Schlaflosigkeit, Erregung, Zittern, Kopf- und Rückenschmerzen, Verlust des Selbstvertrauens, Nervenzusammenbrüchen, Melancholie und Depressionen. Nach den Erklärungen der Medizin rühren diese Probleme vor allem von Veränderungen her, die durch die verringerte Produktion der Hormone Östrogen und Progesteron im Körper entstehen.

Ist das wirklich so?

Warum spüren so viele Frauen ihr Klimakterium kaum? Manche sind sogar froh, daß die unangenehmen und hinderlichen monatlichen Perioden nun ein Ende haben.

Meiner Meinung nach lassen sich die genannten Beschwerden eher auf das menschliche Denken oder, um es genauer auszudrücken, auf das jugendlich-unreife Denken mit seiner Angst vor dem Altern zurückführen, die durch Überdramatisierung der ersten Anzeichen körperlicher Veränderungen ausgelöst wird. Diese Angst vor dem Altern bewirkt eine Gefühlserregung und damit Spannung oder Streß, die zu den klimakterischen Schwierigkeiten führen.

Auch der jugendlich-unreif denkende Mann ist von dieser Angst vor dem Altern betroffen. Sie schwächt seine sexuelle Potenz, was die Probleme nur noch verschlimmert.

Es spricht für meine Theorie, daß unter Männern und Frauen die Krisen bei den ersten Anzeichen des Alterns um so akuter sind, je unreifer, nämlich selbstsüchtiger, ichbezogener und anmaßender diese Menschen sind. Für sie bedeuten Alterszeichen einen Schock, das Ende ihrer Illusionen, das Ende einer Ära, in der ihr Ego gleichsam Mittelpunkt des Universums war. Bei reif empfindenden Menschen bringt das herannahende Alter keine Schwierigkeiten mit sich, wohl aber bei unreif gebliebenen, die sich davor fürchten, reif zu werden, da Reifen heißt, aus der Betörung der selbstgeschaffenen Welt herauszutreten und in die Wirklichkeit hineinzufinden.

Männer, denen ihr übersteigertes Ego ja häufig mehr

bedeutet als den Frauen, sind in einer solchen Krise viel verletzlicher als Frauen im Klimakterium. Die meisten Männer versuchen verzweifelt, der Angst vor dem Altern zu entfliehen: Manche flüchten sich in Alkohol oder Drogen, andere möchten ihr Problem dadurch lösen, daß sie Beziehungen zu wesentlich jüngeren Frauen anknüpfen – und all das, um ihre Männlichkeit zu beweisen. Manche retten sich in religiösen oder ideologischen Fanatismus, andere begehen Selbstmord.

Weitere Anzeichen für die Angst vor dem Altern sind übertriebene Körper- und Gesundheitspflege durch Diät und Trimmübungen, jugendliche und dem *Trend* entsprechende Kleidung. Manche Homosexuelle wenden sich dem anderen Geschlecht zu, oder Heterosexuelle dem homosexuellen Leben. Manche Menschen versuchen auch, ihr Problem durch Scheidung vom Ehepartner zu lösen.

Es ist nachgewiesen, daß Männer und Frauen mit Sinn für Humor, die ihr Altern nicht überdramatisieren und sich nicht zu ernst nehmen oder als *Mittelpunkt des Universums* betrachten, keine klimakterische oder sonstige Krise durchlaufen.

Sinn für Humor könnte wirklich sehr zur Beschwichtigung der Angst vor dem Altern beitragen, da er Reife voraussetzt und da reife Menschen dem Alter gelassen entgegensehen. Die Probleme des weiblichen* und männlichen Klimakteriums sind psychosomatischer Art, sie werden durch anspruchsvolle, übertriebene Vorstellungen verursacht, und Übertreibungen bieten eigentlich nur Anlaß, darüber zu lachen.

Um den unreif denkenden Menschen dazu hinzuführ-

ren, seine Krise weniger dramatisch zu sehen, möchte
ich darauf hinweisen, daß sich bei reifen und gelassenen
Menschen das Geschlechtsleben und das damit verbun-
dene Vergnügen verstärken können, weil man durch die
Reife entspannter und freigebiger wird und so zu echter
Vertrautheit findet. »Sorgen sind der Tod sexueller
Potenz«, sagt man in Italien.

Anstatt sich zu beklagen, sollten Menschen mittleren Alters sich auf die besten Jahre des Lebens freuen.
Das gelingt ihnen, wenn sie bedenken, daß das Alter
eine Gnade ist und die Lebenserwartung vor hundert
Jahren und in vielen Entwicklungsländern noch heute
unter unseren jetzigen mittleren Jahren lag beziehungsweise liegt.

Wer die mittleren Jahre erreicht hat, sollte dankbar
sein, über das *Fortpflanzungsalter*, also über seine angebliche biologische Notwendigkeit, hinaus leben zu
dürfen. Der Psychologe und Psychiater CARL GUSTAV
JUNG (1875–1961) betonte, daß für die Individuen unserer Spezies eigentlich keine Notwendigkeit bestehe,
älter als vierzig Jahre zu werden.

Vielleicht sind die Wallungen mancher Frauen im
Klimakterium in Wirklichkeit nur verlegenes Erröten
darüber, daß sie keine Dankbarkeit für das empfinden,
was das Leben ihnen schenkt. Wäre das der Fall, könnten sie ihre Probleme leicht durch Dankbarkeit lösen.

14

Humor – unser einziger Retter

Wenn meine Theorie über das Leben stimmt, dann kann nur der Sinn für Humor unsere Spezies und das Leben überhaupt erlösen und retten.

Ich weiß nicht, welche elektrochemischen Prozesse sich über einer Milliarde von Jahren auf unserer Erde abspielten, durch die aus der Materie Leben entstand, das anorganische Elemente in organische Verbindungen verwandelte.

Eines scheint mir jedoch sicher zu sein, nämlich, daß der Materie Leben aufgezwungen wurde, daß anorganische Elemente lebendig werden mußten und daß dem Tod das Leben gleichsam aufgedrängt wurde.

Organische Materie besteht aus anorganischen Elementen, die eine besondere Beziehung zu den äußeren Kräften unseres Planeten besitzen. Es gibt keinen Unterschied zwischen den Atomen organischer und anorganischer Materie.

Wären Strahlungsenergie der Sonne und Temperatur

oder deren Schwankungen extremer gewesen und nicht von der Qualität, die Organisches ermöglichte, hätte auf der Erde nie Leben begonnen. Gelänge es uns, die Ozonmenge in der Atmosphäre zu verringern, oder würde sich die Temperatur unseres Planeten stark verändern, so verschwände fast alles Leben.

Im Zuge der Wandlung vom Anorganischen zum Organischen gelangte die Materie von einem Zustand der Stabilität in einen der Instabilität, aus einem angenehmen in einen unangenehmen Zustand, aus einem ruhigen in einen unruhigen Zustand, man könnte auch sagen, in Angst und Hektik. In dieser Instabilität und Unruhe, dieser Unbequemlichkeit, Angst und Hektik der organischen Verbindungen finden wir das Leben. Die Grundgesetze des Lebens sind Wahrscheinlichkeitsgesetze, also gleichbedeutend mit Instabilität und Ängsten. Leben muß mit der Tendenz organischer Materie begonnen haben, aus einem instabilen Zustand in den früheren Zustand immerwährender Stabilität, Ruhe und Bequemlichkeit zurückzukehren. Das Leben besteht daher aus Tätigkeiten, die darauf abzielen, organischen Verbindungen innewohnende Ängste und Reizzustände zu beseitigen. Die drei so wichtigen Tätigkeiten des Lebens, Essen, Trinken und Sexualität, sind nichts weiter als Bemühungen, durch biologische Reizung oder biologisches Unbehagen verursachte Ängste zu beseitigen oder abzuschwächen. (Instinkte werden im Gegensatz dazu durch chemische Reize ausgelöst.)

Alles zusammengenommen könnte das Leben als eine Kette von Prozessen definiert werden, die auf immerwährende Ordnung und Stabilität abzielen, auf den ursprünglichen Ruhezustand, den Tod. Das Leben zielt also auf die Auslöschung des Lebens ab, auf die Vernichtung seiner selbst.

Da das Leben Resultat einer besonderen Wechselwirkung zwischen Materie und Energie ist, kann es keine unabhängige Tätigkeit ausüben, kann es seinen eigenen stabilen Zustand nicht erreichen. Trotz seiner Tendenzen dazu steht es nicht in der Macht des Lebens, sich selbst auszulöschen. Um sich selbst auszulöschen, müßte das Leben imstande sein, die Kräfte auszulöschen, die es schufen.

Betrachtet man aber die heutige Gesamtsituation, sieht es so aus, als gebe es eine Ausnahme zu dieser Regel: die unreife Menschheit. Sie kann die Energie zur Zerstörung des Lebens in ihren psychosomatischen Gefühlserregungen finden und Kraft und Mittel dazu mit Hilfe ihrer wissenschaftlichen und technologischen Entdeckungen gewinnen. Der Wunsch nach Zerstörung entspringt aus der Enttäuschung und dem Zorn über die fehlgeschlagenen Versuche, die Natur dem überheblichen Ego anzupassen. Vielleicht hatte der englische Biologe CHARLES DARWIN (1809–1882) unrecht, als er meinte, keine Spezies könne sich auf lange Sicht entgegen ihren eigenen Überlebensbedingungen verhalten.

Die natürliche Tendenz des Lebens, eine stabile Ordnung und Ruhe zu erreichen, hat den menschlichen Geist wohl zu Dogmen, Doktrinen und moralischen Grundsätzen angeregt. Indem die Menschen sich darauf stützten, müssen sie gehofft haben, eine gewisse Festigkeit, Ruhe oder Ordnung zu gewinnen.

Es wird immer deutlicher, daß wir unfähig sind, ein Ideenschema zu finden, das diese Stabilität und Ruhe gewährleistet. Religionen ist es nicht gelungen, eine solide Stütze zu bieten, an die man sich lehnen kann, und keine der politischen Denkrichtungen konnte das von ihr versprochene Paradies realisieren.

Immer mehr Menschen erkennen, daß das unreife Denken weder in der Lage ist, unser Leben zweckmäßig zu organisieren, noch Frieden und Glück bringt. In LEO TOLSTOIS (1828–1910) Roman *Krieg und Frieden* beschreibt Fürst Andrej das verwirrte Denken des Dichters und vieler anderer, wenn er ausdrückt, daß es außer dem Nichts all dessen, das begreifbar ist, nichts Sicheres gebe.

Eine solche Desillusionierung erhöht die Gefahr für das Leben auf unserem Planeten noch. Außerdem breitet sich die Desillusionierung durch die verlängerte menschliche Lebensdauer und die damit wachsende Zahl älterer Menschen weiter aus. Durch die verlängerte Lebensspanne beziehungsweise das heute erreichte Durchschnittsalter werden die selbsterdachten Illusionen, Erwartungen und Hoffnungen länger erprobt und führen oft zu bitterer Enttäuschung. Als Folge davon wird die Selbstsucht der Menschen noch blinder, und ein ansteckendes Nach-mir-die-Sintflut-Denken verbreitet sich.

In ihrem wachsenden Pessimismus und ihrer Enttäuschung haben viele Vergnügen daran, anderen – bewußt oder unbewußt – das Leben zu erschweren oder zu zerstören. Und viele scheinen auch zu empfinden, daß dadurch ihre Selbstgefälligkeit und Eitelkeit beim Abgang aus diesem Leben weniger leiden wird. Sie halten es für leichter, ein häßliches Leben zu verlassen als ein schönes.

Nur so läßt sich das Dulden der Bevölkerungsexplosion bei gleichzeitigem Schwinden der natürlichen Ressourcen interpretieren. Nur so können wir unsere Gleichgültigkeit gegenüber der Vergiftung unseres Planeten deuten, das Ansteigen von Selbstmorden, Drogensucht, Alkoholismus, Gier, Habsucht und Vandalismus bei gleichzeitiger Weiterentwicklung von Kultur und Zivilisation; nur so die Euphorie beim Gedanken an Katastrophen und Unheil verstehen, die Anziehungskraft von Horrorgeschichten und -filmen erklären, die Erregung, die schlechte Nachrichten auslösen. Nur so können wir die Gleichgültigkeit gegenüber der genetischen Degeneration unserer Spezies begreifen und die wachsende Zerstörung der Familie – dieses Kernpunkts der Sicherheit. Nur so können wir das immer stärkere Hasten verstehen und die Freude an Abenteuern und Wagemut. Nur so wird uns klar, warum das Spiel mit Nuklearwaffen und -energie so spannend ist, und wie es zur Zerstörungslust kommt. (»Die Zerstörungslust ist eine schöpferische Lust«, sagte der Revolutionär MICHAIL BAKUNIN [1814–1876], und diese Ansicht teilen heute immer mehr Menschen.) Nur so können wir unsere Gleichgültigkeit gegenüber der wachsenden Häßlichkeit von Leben und Umwelt verstehen und unsere skrupellose Ausnützung und Verschwendung der natürlichen Ressourcen.

Und nicht anders läßt sich der Zynismus vieler Wissenschaftler und ihr fieberhaftes Bemühen begreifen, die
Natur zu beherrschen. In seiner *Dialektik der Natur*
warnt FRIEDRICH ENGELS (1820–1895) davor, auf die
Eroberung der Natur stolz zu sein, denn für jede dieser
Eroberungen nehme die Natur Rache an uns. Engels
bedachte aber wohl nicht, daß dies vor und nach ihm
viele wußten, aber niemand je etwas dagegen unter-
nahm. Je mehr wir uns der Wahrheit bewußt sind, um
so mehr fordern wir die Natur offenbar heraus, als
würden wir geradezu um ihre Rache flehen und uns
danach sehnen.

In dieser ausweglos scheinenden Situation gäbe es
noch eine Hilfe. Wir könnten viel von unserer Zerstörungslust abbauen, würden wir das Leben *humorvoll*
als Zufall, als einen Scherz kosmischer Kräfte ansehen. Vielleicht dachte der Erzähler WILHELM RAABE
(1831–1910) daran, als er meinte, daß wir im Lebens-
fluß nur mit Hilfe eines Rettungsgürtels von Humor
durchkämen.

Wir könnten zu einer gewissen Zärtlichkeit für alles
Lebendige gelangen, wenn wir das Leben als Ergebnis
eines Spiels der Sonnenenergie mit anorganischer Materie sehen, wobei die wichtigsten Bausteine der Prote-
ine, die Aminosäuren, entstanden; wenn wir das Leben
als ununterbrochene Folge von Abbau und Aufbau
sähen und uns bewußt wären, daß jeder Rhythmus, jede
Bewegung im Leben, wie etwa das Atmen, von Todes-
nähe zu Auferstehung führt.

Zur scheinbaren Sinnlosigkeit des Lebens kommt es
durch unsere gedanklichen Anstrengungen, dem Leben

einen dem Ego gefälligen Sinn zu geben. Das Leben ist ein Geschenk kosmischer Kräfte, und ein Geschenk sollte nur eine einzige Reaktion hervorrufen: Dankbarkeit!

15

Humorkurse

Nicht jedem wurde das Glück zuteil, mit einer humorvollen Einstellung in diese Welt gesetzt zu werden. Die Meinungen darüber gehen jedenfalls auseinander. Manche sind überzeugt, daß wir entweder mit oder ohne Humor geboren werden und man Humor nicht lernen kann.

Wir werden alle mit einer gewissen Verspieltheit, Freude am Leben, Neugier, Forschungsdrang und Flexibilität geboren und verbringen unsere frühe Jugend in diesem Geist. Mit der Pubertät lernen wir jedoch – oder ahmen es nach –, uns überernst und anspruchsvoll zu geben und uns bestmöglich an ein künstlich geschaffenes Leben anzupassen.

Wenn wir dies aber lernen können, sind wir bestimmt ebenso fähig zu lernen, weniger ernst und anspruchsvoll zu sein. Schon ARISTOTELES wies darauf hin, daß es in unserer Macht stünde, dasselbe zu tun oder nicht zu tun.

Doch es ist schwierig, den Menschen zu erklären, die Dinge und sich selbst weniger ernst zu sehen, Ansprüche, Anmaßungen und Selbstüberschätzung zurückzunehmen und ein weniger auf Äußerlichkeiten, also Täuschungen und Illusionen, aufgebautes Leben zu führen.

Und es ist noch schwieriger, jemanden davon zu überzeugen, daß Sinn für Humor und damit zugleich die Fähigkeit, über sich selbst zu lachen, das beste Heilmittel gegen Probleme, Enttäuschungen und sogar gegen Erkrankungen ist. Von sich selbst eingenommene Menschen sind wohl eher verstimmt, wenn man ihnen rät, sich doch humorvoll zu betrachten. Indem wir uns zu ernst nehmen und dadurch alles etwas verzerrt sehen, bleiben uns die einfachen Lösungen oft verborgen.

Ich würde gerne einen Rat beisteuern, der den Menschen hilft, *Sinn für Humor* zu *lernen* und das Leben realistischer zu betrachten. Es gibt nämlich wenige Probleme, mögen oft noch so dramatisch und tragisch scheinen, die nicht auch eine komische oder sogar heitere Seite hätten. Sobald man diese andere Seite erkennt, hilft sie meist das Problem lösen.

Es erschiene mir – wie ich in einem anderen Abschnitt bereits andeutete – daher durchaus sinnvoll, schon in den Schulen Humorkurse einzuführen, da gerade junge Menschen unsicher und hilflos sind, wenn sie vor Problemen oder Fehlschlägen stehen. Durch die meist überernste Erziehung, die Fehlschläge sehr dramatisiert, fühlen sie sich starkem seelischem Druck ausgesetzt. Dies beginnt mit der Angst vor Fehlschlägen, die nicht selten von übertriebenen Erwartungen herrührt. Unsere Kultur konzentriert sich auf das Lob für Erfolg, dadurch wird die Angst vor Fehlschlägen aber nur vergrößert.

Humor verringert diese Angst. Er könnte solche Probleme entdramatisieren, übertriebene Selbstbeschuldigung oder Selbstverachtung aufheben, die starre Überernsthaftigkeit in flexible Ernsthaftigkeit, Einsamkeit in Gemeinsamkeit und Konkurrenzkampf in Zusammenarbeit verwandeln. Mit Sinn für Humor nimmt man Fehlschläge mit gesunder Gelassenheit hin.

Viel Unglück entsteht durch die Behauptung, erfolgreiche, wettbewerbsfähige Menschen seien deshalb zwangsläufig auch glücklich. Wer erfolgreiche Konkurrenten beneidet, sollte daran denken, daß nur wenige von ihnen sich selbst für erfolgreich halten.

Einige werden vielleicht argumentieren, daß Menschen mit Sinn für Humor, Verständnis, Dankbarkeit oder Heiterkeit nie *aggressiv* oder tüchtig genug im Sinne wirtschaftlicher Produktivität sein könnten. Ich würde sagen, daß Humor, Verständnis, Dankbarkeit und Heiterkeit nicht zu Passivität und Trägheit führen, sondern zu strahlender Freude und Begeisterung. Außerdem werden bei reiferer Denkweise, wie sie der Sinn für Humor entwickelt, Freude und Begeisterung intelligenter angewandt, und dies trägt mehr zum sozialen Wohlbefinden und wirtschaftlichen Erfolg bei als aggressive individuelle Konkurrenz, die durch unreifes Sieger/Besiegter- oder Erfolg/Fehlschlag-Denken angeregt wird.

An der Tür jedes Klassenzimmers sollte eine große Tafel mit den Worten des französischen Schriftstellers SÉBASTIEN ROCH N. CHAMFORT (1741–1794) hängen: »Jeder Tag, an dem wir nicht gelacht haben, ist vergeudet.«

Warum sollte ein Tag, an dem wir nicht gelacht haben, vergeudet sein? Weil Lachen körperlich und geistig gesund ist. Es verjüngt uns und führt zu Wohlbefinden und Gesundheit, wachem Verstand und Wirklichkeitssinn. Ein Italiener sagte mir, er habe schon 1942 gewußt, daß Italien im Zweiten Weltkrieg verlieren würde. Es wurde ihm klar, als das faschistische Regime das Lachen auf öffentlichen Plätzen verbot – für ihn ein Zeichen verlorener Gesundheit.

Das alte Rom gab durch seinen volkstümlichen Dichter MARTIAL (40–104) folgenden Rat: »*Ride, se sapis*«, was bedeutet, daß die Weisen lachen.

Wie ich schon erwähnte, verbringen viele Menschen einen Großteil ihres Lebens in Angst davor, ausgelacht zu werden. Diese Angst verführt sie zu unnatürlichem, oft heuchlerischem und unredlichem Verhalten. Könnten sie lernen, über sich selbst zu lachen, verschwände diese Angst. Eine Möglichkeit, das Lachen über sich selbst zu lernen, ist die, an sich in dritter Person zu denken, wie man es als Kind tat, so gewinnt man den nötigen Abstand zu sich.

Humorkurse sollten vermitteln, daß das Lachen über sich selbst kein Zeichen der Minderwertigkeit, sondern der Reife ist.

In solchen Humorkursen sollte den Menschen auch

geraten werden, amüsante, fröhliche Stücke und Filme anzusehen, humorvolle Bücher und Zeitschriften zu lesen und sich mit Dingen zu umgeben, die Heiterkeit stiften. Ein guter Rat wäre auch, ein Hobby zu wählen, dem man mit anderen gemeinsam in einer heiter-entspannten Atmosphäre nachgehen kann.

Humorkurse sollten ihre Teilnehmer lehren, sich von möglichen schädigenden äußeren Einflüssen nicht beeindrucken zu lassen. Zu solchen Einflüssen, denen wir ständig ausgesetzt sind, würde ich unter anderem Werbung und Reklame zählen, die unnötige Bedürfnisse und Wünsche schaffen, damit aber auch für Unzufriedenheit, Neid und zwischenmenschliche Spannungen sorgen. Reklame verfälscht die Wirklichkeit und schränkt den natürlichen Geschmack und aus Vernunft entstandene Wertvorstellungen ein. Humor, der eine wirklichkeitsnahe Einstellung fördert, läßt uns alles leichter durchschauen und weniger ernst nehmen.

Ebenso sähe ich die Aufgabe der Kurse darin, hervorzuheben, daß wir nur dann zu einem glücklichen Leben fähig sind, wenn wir es verstehen. Das Leben zu verstehen, gelingt uns aber nur, wenn wir verständnisvoll sind.

Wenn wir ein Problem verstehen und dann lösen können, lösen wir es auf. Verständnis entdramatisiert. Unreifes Denken versucht ein Problem zu lösen, ohne es zu verstehen, sondern indem es eine erdachte Lösung aufzwingt. Dadurch bleibt das Problem selbst jedoch meist ungelöst. Mit Sinn für Humor könnten wir diese verständnisvolle Haltung am einfachsten erreichen.

Die Kurse sollten auch unsere bedingungslose Fort-

schrittsgläubigkeit ein wenig in Frage stellen und betonen, daß ein großer Teil des technologischen und wissenschaftlichen Fortschritts weit über unsere Notwendigkeit hinausreicht. Die folgende kleine Geschichte
mag dies bildhaft veranschaulichen:

Zwei Russen unterhalten sich miteinander:

Iwan: »Hast du gehört, daß unsere weitblickende
Regierung angefangen hat, Überschallflugzeuge herzustellen?«

Alexei: »Was hilft das mir?«

Iwan: »Na ja, wenn du zum Beispiel im Radio hörst,
daß ein Metzger in Leningrad frisches Fleisch verkauft,
kannst du in einer halben Stunde in Nowgorod sein.«

Alexei: »Aber warum in Nowgorod? Das ist doch
weit weg von Leningrad!«

Iwan: »Weil die Schlange vor dem Laden in Leningrad
bis dahin bereits bis Nowgorod reichen wird.«

Viele Situationen im Leben lassen sich entdramatisieren, indem man eine Parallele zu einem analogen Witz
oder einer humorvollen Anekdote zieht. Die Kurse
sollten daher dazu anregen, hin und wieder mit solchen
Anekdoten zu arbeiten.

Zum Beispiel könnte man fanatischen *Wohltätern*,
die ja oft das Gegenteil bewirken, mit folgender Episode
begegnen:

Ein Pfadfinder riet seinen Wölflingen, jeden Tag eine
gute Tat zu vollbringen, wie etwa ältere Leute über eine
verkehrsreiche Straße zu führen. Am nächsten Tag

fragte er sie, was sie getan hätten, und hörte höchst überrascht, daß alle zwölf einer einzigen alten Dame über die Straße geholfen hatten.

»Mußtet ihr denn alle zusammenhelfen?«

»O ja«, sagte der Gruppenführer. »Die alte Dame wollte nämlich gar nicht über die Straße.«

Hält uns jemand wegen unserer Kritik an manchen *Auswüchsen* der Kunst für minderwertig, so können wir an folgende Anekdote erinnern:

PABLO PICASSO hatte einen italienischen Gärtner. Eines Tages beschloß er, dessen Meinung über seine Arbeit zu erfahren. Im Studio des Malers fand dann folgender Dialog statt:

Gärtner: »Was ist das?«

Picasso: »Eine Frau.«

Gärtner: »Eine Frau?«

Picasso: »Ja, so sehe ich eine Frau.«

Gärtner: »Und das dort?«

Picasso: »Ein Pferd.«

Gärtner: »Ein Pferd?«

Picasso: »So sehe ich ein Pferd.«

Gärtner: »Signor Picasso, wenn Sie so schlecht sehen, warum sind Sie dann ausgerechnet Maler geworden?«

So läßt sich sicherlich noch vieles finden, mit dem wir uns im täglichen Leben auseinandersetzen, ohne zunächst an eine heitere Wendung zu denken. Humorkurse könnten uns darauf aufmerksam machen und dazu anregen.

Den Abschluß möge aber eine Ihnen vielleicht schon aus der Schulzeit bekannte Fabel bilden, die sich auf eine heute wohl am weitesten verbreitete und stets wachsende Eigenschaft bezieht: den Pessimismus.

Es waren einmal zwei Frösche. Einer war Optimist, fröhlich und glücklich, er sah an allem immer das Heitere und Komische. Der andere war ein Pessimist, düster und bitterernst. Eines Tages fielen beide in einen großen Milcheimer.

»Entsetzlich, hier kommen wir nie wieder raus, und in der Milch können wir nicht überleben«, jammerte der pessimistische Frosch. »Wir werden sterben, unter Schmerzen sterben. Ich will nicht leiden. Da bringe ich mich lieber selbst um!« Er schlug mit dem Kopf gegen die Wand des Eimers und sank wie ein Stein.

»Also, ich begehe keinen Selbstmord«, sagte der optimistische Frosch. »Wenn ich schon sterben muß, so werde ich glücklich sterben. Da mach' ich mir noch eine lustige Zeit!«

Und dann begann der Optimist herumzuspritzen, zu tanzen und zu singen. Nach einer Weile bemerkte er, wie seine fröhlichen Bewegungen die Milch zu Butter werden ließen. Bald konnte er hochklettern und ins Freie springen.

Der *Sinn für Humor* hilft uns, jene optimistische Einstellung zu erlangen, mit der wir jeder Lebenslage gewachsen und fähig sind, das beste daraus zu machen. Er richtet den Blick auf das Wesentliche und lehrt uns zu akzeptieren, daß es Dinge gibt, auf die wir keinen

Einfluß haben, und daß weder wir noch unsere Mitmenschen vollkommen sind. Humor fördert unser Verständnis und unsere Liebe.

Das Bemühen, Humor zu zeigen, gibt mir die Zuversicht, daß der Sinn für Humor unser Retter werden könnte.

Zum guten Schluß

»Nicht jedem wurde das Glück zuteil, mit einer humorvollen Einstellung in diese Welt gesetzt zu werden«,
schreibt Branko Bokun. In seinem Buch hat er Ihnen
eindrucksvoll vor Augen geführt, wie wichtig eine von
Humor getragene Haltung für ein gesundes und erfüll-
tes Leben ist – wie entscheidend der richtige Sinn für
Humor das körperliche und seelische Wohlbefinden
fördern kann.

Daß dieser Sinn für Humor nicht als alberne Leicht-
fertigkeit mißzuverstehen ist, sondern vielmehr Ausdruck einer reifen Denkweise ist, mag auf den ersten
Blick überraschen, klingt aber vor dem Hintergrund des
theoretischen Gedankengebäudes, das Dr. Bokun Ihnen
vor Augen führt, durchaus überzeugend. Auch wenn er
den hypothetischen Charakter seiner Theorie in aller
Bescheidenheit immer wieder betont, haben seine
Überlegungen doch etwas Bezwingendes an sich. Wenn
Sie darüber nachdenken, werden Sie gewiß die von Dr.

Bokun aufgestellten Behauptungen durch Ihre eigene
Lebenserfahrung in vielfacher Weise bestätigt finden.

Humor stellt sich hier – im Gegensatz zu einer
permanent unreifen, pubertären, ängstlichen und ego-
zentrischen Denkweise – als heitere und überlegene
Weisheit dar, die lächelnd über den Dingen steht. Man
darf – um eine in letzter Zeit geläufig gewordene
Redewendung zu gebrauchen – das alles »nicht so eng
sehen«. Enge hat mit Angst zu tun, Angst ist eines
unserer größten Übel – für Körper, Geist und Seele.
Humor besiegt die Angst – und damit vieles, was uns
quält und gefährdet. Mit Humor nimmt man die unaus-
bleiblichen Fehlschläge des Lebens mit gesunder Gelassenheit hin, mit Humor lernen wir, uns selbst und
andere Menschen oder gar Sachen weniger ernst zu
nehmen und uns entsprechend weniger unter Druck
setzen zu lassen. Humorvolle Menschen leiden demnach auch viel weniger unter Streß.

Branko Bokun sagt uns in seinem Buch eine Reihe
unangenehmer Wahrheiten über uns selbst und unsere
Lebensweise – und das könnte manchen Leser dazu
verführen, seine Theorie entrüstet von sich zu weisen.
Wer aber das Phänomen der männlich orientierten
unreifen Überernsthaftigkeit als eines der Grundübel
unserer Zivilisation erkannt und durchschaut hat und
überwinden – vielleicht sogar weglachen – kann, hat
einen wichtigen Schlüssel zur Gesundheit gefunden.

Wenn Sie möglicherweise erwartet hatten, in diesem
Buch eine Reihe von praktikablen Patentrezepten vor-
zufinden, fühlten Sie sich bei der Lektüre vielleicht
enttäuscht. Doch Vorsicht! Die auch auf Ihre Lebenssi-

tuation anwendbaren praktischen Ratschläge Dr. Bokuns stecken in der Folgerichtigkeit seiner Gedankenführung – und wer zu lesen versteht, wer seine Überlegungen nachvollzieht, findet in jedem Kapitel, nicht nur in dem über Humorkurse, eine Fülle von Ansatzpunkten, um die Theorie in die Praxis des eigenen Lebens umzusetzen.

Denken Sie bitte immer daran: Die Evolution ist noch lange nicht an ihrem Ende angelangt, die in uns vorhandenen Möglichkeiten sind noch lange nicht ausgelotet, auch unsere geistige Kapazität ist noch lange nicht ausgefüllt. Es ist also in Ihre Hände gelegt, für sich das unsere Gesellschaft dominierende »unreife« Denken zu überwinden und – zu Ihrem Wohle – eine Lebenshaltung lächelnder, überlegener Weisheit anzustreben.

Übrigens: Menschen mit Humor werden von anderen Menschen immer als sympathischer empfunden. Deshalb wird der Ariston Verlag auch im Herbst 1988 ein weiteres Buch zu diesem Thema – gleichsam einen praxisbezogenen Folgeband zu dem vorliegenden theoretischen Grundlagenwerk – veröffentlichen: von E. BLUMENFELD und L. ALPERN *»Die Smile-Connection – oder: Lachen verbindet. Lernen Sie, lächelnd das Leben zu meistern und Menschen zu gewinnen!«*

Wenn auch – wie gesagt – nicht jedem das Glück zuteil wurde, mit einer humorvollen Einstellung in diese Welt gesetzt zu werden, hier kann er sie praktisch einüben: als Quelle körperlichen und seelischen Wohlergehens und um das Leben überhaupt ein wenig lebenswerter und menschlicher zu machen.

In diesem Sinne: *Take it easy!*

DIE REIHE AKTUELLER SACHBÜCHER

Doktor Natur – Das Lexikon der sanften Medizin
Von Ulrich Rückert

Die Heilkräfte der Natur, die Selbstheilungskräfte unseres Körpers und unserer Seele werden heute von immer mehr Menschen – Fachleuten wie Laien, Medizinern wie Patienten – als unentbehrlich für Vorbeugung und Behandlung, Gesundung und Gesunderhaltung erkannt. Bestätigt durch neueste Erkenntnisse der Ganzheitsmedizin, erweist sich der jahrtausendelang gehütete und überlieferte Erfahrungsschatz der Natur- und Volksheilkunde aller Kontinente als echte Alternative und notwendige Ergänzung zur orthodoxen Schulmedizin. Diese naturgemäße, »grüne«, sanfte Medizin hat durchaus ihre Stärken und belastet den Organismus nicht mit unerwünschten Nebenwirkungen. Der Mensch als Ganzes wird hier angesprochen, denn über eine gleichwertige Berücksichtigung und Harmonisierung von Körper und Seele kann man am besten den heute so verbreiteten und vielfältigen psychosomatischen Störungen beikommen. Sie finden in diesem Nachschlagewerk über ein Verzeichnis aller Symptome, Beschwerden und Erkrankungen die geeigneten Behandlungsmöglichkeiten oder auch den Hinweis auf notwendige ärztliche Konsultation. 376 Seiten, 40 Fotos und 22 Zeichnungen, Best.-Nr. 1365

Vitamine und Mineralstoffe – Die Bausteine für Ihre Gesundheit
Von Ulrich Rückert

Vitamine, Mineralstoffe und Spurenelemente sind lebenswichtige Bausteine für unsere Gesundheit. Ein Mangel kann unter anderem zu Haarausfall, Sehstörungen, Schlaflosigkeit, Hautkrankheiten, vorzeitiger Arterienverkalkung und Herzbeschwerden führen. Wer sich auskennt, ist sein bester Arzt. Das notwendige Wissen vermittelt dieses Buch, das auch ein umfangreiches Tabellarium und Menüvorschläge enthält. 184 Seiten, Best.-Nr. 1301.

Entschlüsselte Organsprache – Krankheit als SOS der Seele
Von Henry G. Tietze

Die moderne Schule der psychosomatischen Medizin hat erwiesen, daß die meisten Erkrankungen seelisch bedingt sind. Gefühle schlagen auf den Organismus, und zwar, wie der bekannte Psychotherapeut H.G. Tietze darlegt, auf bestimmte Organe. Diese Krankheiten können, wenn wir sie als SOS der Seele verstehen, weitgehend vermieden oder geheilt werden. Wie – das zeigt dieses Sachbuch. 272 Seiten, Best.-Nr. 1331.

Die Macht Ihres Unterbewußtseins
Von Dr. phil. Joseph Murphy

Unser Unterbewußtsein lenkt und leitet uns, ob wir das wollen oder nicht. Dieses leichtverständliche Buch des dreifachen Doktors zeigt, wie wir die unermeßlichen Kräfte des Unterbewußtseins nach unserem Willen und für unsere Ziele nutzen und für uns schöpferisch einsetzen können. 245 Seiten, Best.-Nr. 1027 (Buch). Von diesem Buch, das in deutscher Sprache 890 000 Menschen gekauft haben, gibt es auch 3 Langspielkassetten in buchartiger Box, Best.-Nr. 1327 (Kassetten).

 ARISTON VERLAG · GENF
CH-1211 GENF 6 · POSTFACH 176